Jean-Joseph Julaud

Le français correct

Édition 2009

FIRST
Editions

ISBN : 978-2-7540-1085-6
Dépôt légal : 3e trimestre 2009

Édition : Marie-Anne Jost
Correction : Anne-Lise Martin
Conception graphique : Georges Brevière
Conception couverture : Olivier Frenot

Imprimé en Italie

Éditions First
60, rue Mazarine, 75006 Paris
Tél. : 01 45 49 60 00
Fax : 01 45 49 60 01
e-mail : firstinfo@efirst.com
www.editionsfirst.fr

Sommaire

Petit précis de grammaire

La nature des mots

– Stop ! Veuillez ralentir, s'il vous plaît.
– *Plaît-il ? À qui parlez-vous ?*
– À vous, les mots ! Veuillez maintenant vous garer…
– *Pour quelle raison ? Qu'avons-nous fait ?…*
– Le meilleur et le pire ! Allons, rangez là votre convoi, en marge de la phrase…
– *Mais voyons… On nous attend…*
– Ici aussi, on vous attend !
– *De quoi s'agit-il ? Que va-t-il nous arriver ?*
– Simple contrôle d'identité.
– *Un contrôle d'identité ? Voyons ! Vous nous connaissez, tout le monde nous connaît…*
– Non, tout le monde vous utilise, mais personne ou presque personne ne vous connaît !
– *Mais…*
– Oui, *mais*, vous, par exemple, le mot *mais*… Vous êtes présent dans toutes les pensées, sur toutes les lèvres prudentes… Pourtant, qui est capable de vous définir, de dire qui vous êtes ?…
– *Vous avez raison ! Du matin au soir, et du soir au matin parfois, je caracole dans des questions, des affirmations, des refus ou des abandons… Pour quelle reconnaissance ? Qui se rappelle que je suis une conjonction de coordination ?*

– Et si la phrase, votre véhicule, tombe en panne ou ne fonctionne pas, comment votre conducteur va-t-il faire pour la réparer ? Comment va-t-il identifier l'élément défectueux, débloquer une communication grippée ?
– ***Stop, mes amis les mots ! Rangeons-nous comme on nous le demande, en marge de la phrase, pour un contrôle d'identité…***
– Parfait ! Quels sont vos noms, pronoms et qualités, vos adjectifs et vos adverbes, vos conjonctions, vos prépositions ? Qui vous commande ? Quelles sont vos principales, vos subordonnées ? Y a-t-il parmi vous des dissidentes, des indépendantes ? Les lecteurs que vous voyez devant vous se posent mille questions ! Allons, exécution !…

Le nom

Les personnes, les animaux, les choses, tout ce qui bouge ou qui ne bouge pas, tout ce qui pense, s'en dispense ou ne pense pas… tout cela, nous nous en chargeons, nous, les noms.

Nous sommes composés de deux grandes familles : le nom commun et le nom propre.

Nous, les noms communs, on nous identifie en nous faisant précéder d'un article ou d'un autre déterminant (adjectif possessif, adjectif indéfini, adjectif démonstratif, adjectifs numéraux).

Exemples : *un poisson, le pêcheur, quelques grains de sel, cette matelote, quinze euros.*

Nous, les noms propres, on nous reconnaît à la fière majuscule que nous exigeons pour première lettre. Nos relations diplomatiques avec le pluriel des noms vous sont expliquées p. 144.

Les pronoms en familles

Nous, les pronoms, nous composons la grande famille des remplaçants comme notre nom l'indique : *pro* signifie « mis pour ». Notre rôle consiste à éviter les répétitions. Un exemple ? Voici : *Socrate se gratte l'épigastre, Socrate a mangé un souvlaki périmé, Socrate souffre d'une colique philosophique.*

Trois fois le nom propre Socrate ? C'est trop ! Nous intervenons, nous les pronoms, avant que la parole ait transformé la pensée. Et cela donne :

Socrate ***qui*** *se gratte l'épigastre a mangé un souvlaki périmé, il souffre d'une colique philosophique.*

Qui remplace Socrate, *il* remplace Socrate. Les répétitions ont disparu. Et voilà le travail !

Le risque de répétition étant permanent dans la langue française, il va sans dire que nous intervenons sans cesse dans des millions de phrases à la fois ! Mais cela ne nous effraie pas, notre famille est grande. Elle se compose de sept branches, et pour chacune d'elles, vous servir est un jeu, le jeu des sept familles… Les voici.

La famille des pronoms personnels

Proche de vous en personnes, notre famille se répartit en deux catégories :

1. Les pronoms personnels sujets : *je, tu, il, elle, nous, vous, ils, elles ;*
2. Les pronoms personnels compléments : *me, te, le, la, lui, se, nous, vous, leur, moi, toi, soi, eux, en, y.*

L'exemple de la famille

« Nos lecteurs ? Nous **leur** *donnons des vers aériens afin qu'ils aillent à la pêche au rêve… »* dit le poète.

Leur est un pronom personnel, il remplace *lecteurs,* il est complément d'objet second du verbe *donnons.*

La famille des pronoms possessifs

Tous les membres de notre famille ont une idée fixe : la propriété ! Nous, pronoms possessifs, nous varions en genre, en nombre et en personne :

1. Masculin singulier : *le mien, le tien, le sien, le nôtre, le vôtre, le leur ;*
2. Féminin singulier : *la mienne, la tienne, la sienne, la nôtre, la vôtre, la leur ;*
3. Masculin pluriel : *les miens, les tiens, les siens, les nôtres, les vôtres, les leurs ;*
4. Féminin pluriel : *les miennes, les tiennes, les siennes, les nôtres, les vôtres, les leurs.*

L'exemple de la famille

Tes moufles sont doublées de fourrure, les miennes ne le sont pas.

Les miennes, pronom possessif, est sujet de *sont*.

La famille des pronoms démonstratifs

Dans notre nom, *démonstratifs*, on trouve sans peine notre rôle : mon(s)tre… Nous servons à montrer, nous désignons l'être, l'idée ou la chose dont on parle, dont on vient de parler, dont on va parler :

Celui, celui-ci, celui-là ;

Celle, celle-ci, celle-là ;

Ce, ceci, cela (qui donne ça, sans accent) ;

Ceux, ceux-ci, ceux-là ;

Celles, celles-ci, celles-là.

L'exemple de la famille

Ne prends pas celui-là, prends plutôt celui-ci…

Celui-là et *celui-ci* sont compléments d'objet direct de *prends*.

La famille des pronoms indéfinis

Dans notre famille indéfinie, nous ne nous embarrassons pas de détails, nous demeurons évasifs, allusifs, nous globalisons ! Chaque membre de notre famille est capable de désigner tout et n'importe quoi (la preuve : *tout* et *n'importe quoi* sont des pronoms indéfinis…).

Certains d'entre nous sont résolument invariables : *plusieurs, personne, on, rien, quiconque, autrui, quelque chose, n'importe qui, n'importe quoi, tout le monde.*

D'autres varient : *aucun (aucune), l'autre (les autres), un autre (une autre), certain (certains, certaine, certaines), chacun (chacune), le même (la même, les mêmes), nul (nuls, nulle, nulles), l'un (les uns, l'une, les unes), quelqu'un (quelques-uns, quelqu'une, quelques-unes), tel (tels, telle, telles), tout (tous, toute, toutes), pas un (pas une).*

Moi, le pronom indéfini *aucun*, on m'emploie presque toujours au singulier, sauf lorsque je suis précédé de *d'* ; je signifie alors « certains » : ***D'aucuns*** *affirment que les grands philosophes ne prononcent que de grandes phrases ; pourtant, ils en disent parfois de toutes petites.*

L'exemple de la famille :

Quiconque *taquine un nid de guêpes doit savoir courir.*

Quiconque est un pronom indéfini, sujet de *taquine*.

Pour les nuls…

Il ne faut pas confondre le pronom indéfini *nul* et l'adjectif indéfini *nul.* S'il n'accompagne pas le nom, mais le remplace dans la phrase, *nul* est pronom. S'il se place devant le nom, *nul* est adjectif.

Dans : ***Nul*** *n'est censé* (supposé) *ignorer la loi, nul* est pronom indéfini, sujet de *est censé.* Dans : ***Nul*** *citoyen n'est* *censé* (supposé) *connaître toutes les lois, nul* est adjectif indéfini et détermine citoyen.

La famille des pronoms relatifs

Chaque membre de notre famille relative est bivalent : il remplace un nom et il introduit une proposition subordonnée. Les noms nous aiment beaucoup et nous sollicitent souvent parce que nous constituons le premier mot de la subordonnée qui les complète.

Voici tous les membres de notre famille, les pronoms relatifs :

Qui, que, quoi, dont, où ;

Lequel et ses composés : *laquelle, lesquelles, lesquels, auquel, à laquelle, auxquels, auxquelles, duquel, de laquelle, desquels, desquelles.*

L'exemple de la famille

Monsieur de Couche-dehors est un personnage dont Guy de Maupassant donne une description précise dans Une Vie.

Le pronom relatif *dont* est bivalent : il remplace le mot *personnage* et il introduit la proposition subordonnée relative : ***dont*** *Guy de Maupassant donne une description précise dans son roman* Une Vie.

De plus, il possède une fonction dans cette subordonnée relative : il est complément du nom *description* (une description de quoi ou de qui ? de *dont* qui remplace le mot *personnage*).

La famille des pronoms interrogatifs

Notre famille interrogative n'est composée que de petits curieux qui posent toutes sortes de questions, directement, ou indirectement… Nous voulons tout savoir sur tout, exactement comme vous, lecteurs, qui nous utilisez toute la journée et parfois toute la nuit… Nous ressemblons comme deux gouttes d'eau à la famille voisine des pronoms relatifs (sauf *dont*) ! Voici notre famille au grand complet :

Qui, que, quoi, où ;

Lequel et ses composés : *laquelle, lesquelles, lesquels, auquel, à laquelle, auxquels, auxquelles, duquel, de laquelle, desquels, desquelles.*

Nous, les pronoms interrogatifs, nous pouvons être précédés de prépositions : *Pour qui ? À quoi ? Par où ?*

Nous pouvons poser la question de façon directe :

Qui a piqué mon fromage ?

Qui est-ce qui a volé ma poire ?

Nous pouvons aussi formuler la question de façon indirecte en utilisant un verbe introducteur ; dans ce cas, on n'utilise pas le point d'interrogation :

Je me demande qui a piqué mon fromage.

Je ne sais pas qui a volé ma poire.

La forme renforcée *qui est-ce qui ou qu'est-ce qui, qu'est-ce que,* disparaît dans l'interrogation indirecte. *Dire* ou *écrire* : *Je me demande qui est-ce qui,* ou *Je ne sais pas qu'est-ce que,* ou toute autre formule utilisant dans l'interrogation indirecte la forme renforcée de l'interrogation directe est une erreur.

La famille des pronoms numéraux

On nous appelle les pronoms numéraux. Vous pouvez compter sur nous ! Nous exprimons une quantité ou un rang ; nous pouvons faire référence à un nom ou à un groupe nominal déjà exprimé. Notre famille des pronoms numéraux se répartit en deux groupes : les cardinaux (*un, deux, trois…*) et les ordinaux (*le premier, le deuxième, le troisième…*).

Dans la phrase : *Ce séducteur a aimé vingt femmes :* ***dix-neuf*** *lui ont été fidèles, mais* ***la vingtième****, volage, s'est envolée, dix-neuf* est un pronom numéral cardinal remplaçant femmes, il est sujet de *ont été* ; et *la vingtième* est un pronom numéral ordinal, sujet de *s'est envolée.*

Les déterminants

Bien plus qu'utiles, nous sommes indispensables, nous, les déterminants ! Sans nous, on confondrait tout ! Prenons pour exemple ce mot appétissant : *choucroute* et observez-nous (en italiques).

La choucroute, *ma* choucroute, *cette* choucroute, *trois* choucroutes, *quelle* choucroute ? *Quelle* choucroute !

Vous venez de vous rendre compte à quel point le mot *choucroute* n'est rien, rien sans nous, les déterminants, qui en précisons l'existence, l'appartenance, le nombre ou bien la qualité ! Il en est ainsi pour tous les noms. Sans nous, le nom est un apatride, il devient un errant, un concept en balade, une idée vague qui cherche son amarre, et nous la lui fournissons, adaptée à la façon dont elle accoste dans la pensée.

Afin que dans votre mémoire s'installent, à des fins d'identification, nos noms, nos orthographes et nos particularités, nous nous sommes répartis en rayons, comme au supermarché. Promenez-vous tranquillement devant nous, vérifiez bien nos étiquettes afin qu'en toute occasion, vos propos, élaborés comme il faut, soient toujours déterminants...
Vous allez passer successivement devant deux grandes catégories de déterminants :

Les articles
Articles définis, indéfinis et partitifs.

Les adjectifs
Adjectifs numéraux cardinaux, numéraux ordinaux, adjectifs indéfinis, adjectifs démonstratifs, adjectifs possessifs, adjectifs interrogatifs, adjectifs exclamatifs.

Marché aux articles

Tout est en rayons, vous pouvez commencer à faire vos provisions.

Rayon articles définis. Avec eux, vous obtenez une précision suffisante pour savoir de quoi il s'agit, vous définissez le nom qui suit :

- le, la, les : *le pianiste, la choucroute, les spectateurs*

Une variante existe, ce sont les articles définis contractés, ils sont mêlés à une préposition :

- au (à le) : *le chef d'orchestre donne des consignes au (à le) pianiste*
- du (de le) : *le pianiste a dégusté la choucroute du (de le) jour au restaurant alsacien*
- aux (à les) : *le chef d'orchestre demande aux (à les) vents et aux (à les) cordes de tempérer leur ardeur*
- des (de les) : *le pianiste est enchanté des (de les) talents de la cuisinière alsacienne*

Rayon articles indéfinis. Leur nom l'indique, ce qui les suit demeure dans une sorte d'imprécision :

- un, une, des : *un pianiste en général, une choucroute quelconque, des chefs d'orchestre par-ci par-là*

Rayon articles partitifs. Dans *partitif*, on trouve *partie*. Les articles partitifs sont donc suivis d'une partie de ce qu'ils désignent : *du, de la, des.*

Ne confondez pas *du* article défini contracté et *du* article partitif : *La virtuosité du pianiste est époustouflante (du = de le,* article défini contracté). *Le pianiste mange du* (partitif : *une partie) chou.*

Marché aux déterminants adjectifs

Nos déterminants adjectifs ne sont pas des adjectifs qualificatifs. Les adjectifs qualificatifs donnent une qualité au nom (*grand, beau, sot*), les déterminants adjectifs précisent le nom qui les suit.

Rayon adjectifs numéraux cardinaux : évidemment, on compte toujours sur eux… *Un, deux, trois, quatre, cinq, six, sept, huit, neuf, dix, onze, douze, vingt, cent, mille… Un chef d'orchestre, huit contrebasses, dix violoncelles, quarante-deux violons, trois spectateurs… Pom, pom, pom pom !*

Rayon adjectifs numéraux ordinaux : ils précisent le rang, l'ordre. *Premier, deuxième, trentième, soixante et onzième… Premier violon, second couteau, troisième œil, quatrième dimension, cinquième colonne, sixième sens, septième art, huitième quoi ? mystère…*

Rayon adjectifs indéfinis : lorsqu'on n'a pas une idée précise de ce qu'on désigne, lorsqu'on demeure dans l'évasif, le flou, l'approximatif parfois lié au péremptoire, à l'affirmation d'une idée générale, on emploie l'adjectif indéfini… En rayon, nous avons : *aucun, autre, certain, chaque* (invariable), *différents, divers, maint, même, nul, plusieurs, quelque, quelconque, tel,*

tout, pas un, n'importe quel, beaucoup de, bien des...
Dans : *Affamé comme vous l'êtes, n'importe quelle choucroute vous rassasiera,* l'adjectif indéfini *n'importe quelle* détermine *choucroute.*

Rayon adjectifs démonstratifs : comme son nom l'indique, l'adjectif démonstratif montre... Sa place se situe au bout du doigt malappris qui ne sait pas qu'on évite de pointer l'index vers ce ou ceux qu'on désigne. Au rayon adjectifs démonstratifs, nous trouvons : *ce, cet, ces,* renforcés par *ci ou là* (cette choucroute-ci, ce pianiste-là).

Rayon adjectifs possessifs : disponibles en toute situation pour dire ce qui est à vous, ce qui ne l'est pas, ce qui pourrait l'être, ce qui ne le sera jamais...
Masculin singulier : *mon, ton, son, notre, votre, leur ;*
Féminin singulier : *ma, ta, sa, notre, votre, leur ;*
Pluriel : *mes, tes, ses, nos, vos, leurs.*
Ma maison, ta voiture, son épouse, leurs chaussures, etc.

Rayon adjectifs interrogatifs : ces questionneurs se placent devant le nom, forcément (sinon, ce seraient des pronoms interrogatifs). Les voici, les adjectifs interrogatifs : *quel, quels, quelle, quelles. Quels sont vos projets pour la nuit ? De quelles merveilles célestes aimeriez-vous être entretenue ? De quelle planète bergère aimeriez-vous suivre l'errance, allongée à minuit, dans la prairie ?*

Rayon adjectifs exclamatifs : même orthographe que les

adjectifs interrogatifs ! Tout est dans le ton, et dans le signe de ponctuation : le point d'exclamation ! Voici les adjectifs exclamatifs : *quel, quels, quelle, quelles. Quel beau projet ! Quelle belle étoile ! Quelle belle prairie dans la nuit !*

Les prépositions

Les prépositions fourmillent dans le langage, petites chevilles toutes prêtes qui joignent le nom au nom, l'adjectif ou le verbe à son complément… Sans elles, les mots, les phrases, bref, la vie n'aurait pas de sens…

Les prépositions peuvent être des mots simples : *à, de, par, pour, sans, sous, sur, avec, en, dans, avant, après, devant, derrière, dessous, dessus, chez, contre, depuis, vers, malgré, durant, jusque, pendant, entre, parmi, outre, hormis, touchant, suivant, voici, voilà.*

Les prépositions peuvent être composées de plusieurs mots. On les appelle alors des locutions prépositives : *à cause de, à côté de, afin de, à l'exception de, à partir de, à travers, au-delà de, au-dessous de, au-dessus de, au lieu de, au moyen de, autour de, de façon à, de manière à, en dépit de, en raison de, grâce à, par-dessous, par-dessus, près de, quant à, etc.*

Pour vous faciliter la tâche, voici une courte liste de prépositions, sous la forme d'une phrase mnémotechnique : *Voici, voilà, à, dans, par, pour, en, vers, avec, de, sans, sous.* (Voici, voilà : Adam part pour Anvers avec deux cents sous.)

Les conjonctions

Nous, les conjonctions, nous aimons joindre (du latin *conjunctio* : « liaison ») des mots entre eux, des groupes de mots, des propositions relatives ; nous introduisons des propositions conjonctives.

Pour vous, nous nous sommes rangées en rayons, comme les déterminants. Vous allez découvrir d'abord les conjonctions de coordination qui, comme leur nom l'indique, coordonnent deux mots, deux groupes de mots en établissant entre eux un sens précis, puis vous passerez devant les conjonctions de subordination qui introduisent des subordonnées conjonctives, compléments d'une proposition principale.

Les conjonctions de coordination

Qui ne connaît aujourd'hui cette phrase mnémotechnique célèbre qui permet de retenir les conjonctions de coordination ? Vous ? Vous étiez bien le seul… La voici (on y cherche un certain Ornicar…) :

Mais, ou (sans accent), *et, donc, or, ni, car.*

(Mais où est donc Ornicar ?)

Les conjonctions de subordination

En rayons, la liste des conjonctions ou locutions conjonctives (plusieurs mots) de subordination :

Le temps : *avant que, après que, au moment où, aussitôt que,* *quand, lorsque, dès que, jusqu'à ce que, depuis que, une fois que, à mesure que, comme* (*comme* peut aussi exprimer la cause ou la comparaison), *en même temps que, tandis que* (*tandis que* peut aussi exprimer l'opposition).

Le but : *pour que, afin que, de peur que, de crainte que, de manière que, de façon que* (*de manière que, de façon que* peuvent aussi exprimer la conséquence, tout dépend du contexte).

La cause : *parce que, puisque, étant donné que, vu que, comme, sous prétexte que, d'autant que, non que, comme.*

La conséquence : *si bien que, de sorte que, de telle sorte que, de manière que, de façon que, au point que, si… que, tant… que, tellement… que, trop… pour que.*

La concession, l'opposition : *bien que, quoique, encore que, quand bien même* (*quand bien même* peut aussi exprimer la condition), *même si, alors que, au lieu que, loin que, bien loin que, tandis que, si* (*si* peut aussi exprimer la condition).

La condition : *si, à condition que, pourvu que, en admettant que, pour peu que, en supposant que, à supposer que, si tant est que, à moins que, suivant que, selon que, au cas où, quand bien même, dans la mesure où.*

La comparaison : *aussi… que, plus… que, moins… que, plus que, moins que, d'autant plus que, le même que, comme.*

Les adverbes

Si tous les mots possédaient notre principale caractéristique, la langue française deviendrait facile à écrire : nous sommes invariables ! Notre rôle consiste à modifier peu ou prou (un peu ou beaucoup) un verbe, un adjectif, un autre adverbe ou un nom. Famille nombreuse, nous sommes répartis en plusieurs catégories :

Adverbes de manière : *bien, mal, mieux, vite,* et tous les adverbes construits à partir d'un adjectif : *facilement, rapidement, doucement, longuement…*

Adverbes de quantité : *beaucoup, peu, trop, fort, extrêmement, etc.*

Adverbes de temps : *hier, aujourd'hui, demain, jamais, toujours…*

Adverbes de lieu : *où, ici, là, ailleurs, là-bas…*

Adverbes d'opinion : *oui, non, si, assurément, vraiment, probablement…*

Les adjectifs qualificatifs

Nous sommes *grands, beaux, sots, stupides, bleus, verts, gris, agréables et détestables, sournois et francs, gais et tristes, endiablés, paresseux, soucieux, séduisants, intelligents, désespérants, froids, inflexibles, passionnés, amoureux, ardents, rêveurs, cruels, méchants, menteurs, hypocrites, fidèles…*

Nous sommes tous ces mots que vous venez de lire, simples

représentants de l'immense foule des adjectifs qualificatifs ! Vous nous connaissez bien, vous qui sentez que le nom (commun ou propre, ou bien le pronom) seul manque de précision, qu'il lui faut de la couleur, de la qualité, du défaut, des dimensions, et tout ce qui précise son image ou sa nature.
Par exemple, vous annoncez :
– *Je viens de rencontrer l'amour de ma vie !*
On vous répond :
– *Décris-le-nous !*
Alors, dans votre esprit, nous intervenons en urgence : la liste que vous avez lue ci-dessus vous vient en aide – et ce n'est qu'un début.
– *L'amour de ma vie ? Il est grand, beau, intelligent, séduisant, passionné, rêveur, fidèle...*
Vous le remarquez, nous servons de bonne grâce vos premières impressions. Le reste de la liste vous servira plus tard. Peut-être...
Dans la phrase : *Je sens que les oiseaux sont ivres d'être parmi l'écume inconnue et les cieux* (Mallarmé), *ivres* est un adjectif qualificatif attribut du sujet *oiseaux*, *inconnue* est un adjectif qualificatif, épithète du nom *écume*.

Le verbe

Sans nous, pas d'action ! Nous sommes plus de dix mille, et chacun d'entre nous bat au cœur d'une phrase. On nous

divise en deux catégories :
les verbes d'action, qui, leur nom l'indique, expriment une action : *courir, marcher, jouer, écrire...,* représentent la quasi-totalité des verbes ;
les verbes d'état, qui introduisent une façon d'être, un état, sont peu nombreux : *être, paraître, devenir, demeurer, rester, avoir l'air, passer pour...*

Les onomatopées

Nous possédons le don de l'imitation, nous sommes capables de reproduire toues sortes de bruits : *crac, boum, hue ! patatras, ding, dong, tic-tac, cocorico...*

Les interjections

Petits mots qui en disent long... Nous voici : *Oh ! Ah ! Aïe ! Ouf ! Chut ! Bah ! Hein ? Zut ! Peuh ! Eh ! Hé ! Hélas !*

La fonction des mots

Le sujet

Le sujet répond à la question qu'est-ce qui ? ou qui est-ce qui ? posée au verbe.
Le pianiste déguste une choucroute.
Qui est-ce qui déguste une choucroute ? Le *pianiste,* sujet

de *déguste* (*choucroute* est COD de *déguste*).
La choucroute qu'a dégustée le pianiste était copieuse.
Qu'est-ce qui était copieuse ? La *choucroute*, sujet de *était*.
Qui a dégusté *qu'* (pronom relatif qui remplace *choucroute*) ?
Le *pianiste*, sujet de *a dégustée.*

L'attribut

L'attribut est introduit par un verbe d'état (qui indique un état et non une action : *être, paraître, sembler, devenir, demeurer, rester, avoir l'air).*
La choucroute est délicieuse.
Délicieuse, adjectif qualificatif, est attribut du sujet *choucroute.* Cet adjectif est séparé du sujet par un verbe d'état.
Cette choucroute, je la trouve délicieuse.
Délicieuse, adjectif qualificatif, est attribut du complément d'objet direct *la* qui remplace *choucroute.*
L'attribut pourrait être un nom ou un pronom :
Le pianiste ne vous prend pas pour un imbécile.
Imbécile, nom commun, est attribut du pronom personnel COD *vous.*

Le complément d'objet direct, ou COD

Le complément d'objet direct répond à la question quoi ? posée directement au verbe, sans préposition.
Dans : *Le pilote pêche une lotte,* le nom *lotte* répond à la

question quoi ? posée au verbe. *Lotte* est COD de *pêche*. Dans : *La lotte qu'a pêchée le pilote est pâlotte*, le pronom relatif *qu'*, mis pour lotte, est COD du verbe *a pêchée* – le pilote a pêché quoi ? *qu'* mis pour *lotte*.

Le complément d'objet indirect ou COI

Le complément d'objet indirect répond à la question de qui ? de quoi ? à qui ? à quoi ? posée au verbe de façon indirecte (*qui ?* ou *quoi ?* sont alors accompagnés des prépositions *à, de, pour, sur*...).

Dans : *Le jockey rêve de victoire*, le nom *victoire* répond à la question de quoi ? posée au verbe. *Victoire* est COI de *rêve*.

Le complément d'objet second ou COS

Le complément d'objet second est un COI qui complète le verbe en même temps qu'un COD (le COD est le premier complément d'objet, le COS est le second complément d'objet).

Dans : *Le jockey donne des croquettes à son chat*, le nom *chat* est un COI puisqu'il répond à la question à quoi ? posée au verbe ; mais parce que le verbe possède déjà un COD (*croquettes*), ce COI devient un COS.

Le complément d'agent

On trouve le complément d'agent dans les phrases dont le verbe est à la voix passive (conjugué avec l'auxiliaire *être*).

Le complément d'agent indique qui fait l'action exprimée par le verbe dont le sujet subit l'action, il répond aux questions par qui ou par quoi ? de qui ou de quoi ?
Dans : *La lotte est grillée par le pilote,* le nom *pilote* est complément d'agent (ce qui agit) du verbe *est grillée*. La *lotte* est grillée par qui ? par le *pilote.*

Le complément circonstanciel

Le complément circonstanciel répond aux questions posées au verbe, concernant les circonstances dans lesquelles se sont déroulées les actions évoquées. Ce sont le temps, le but, la cause, la conséquence, la condition, la concession ou l'opposition, la comparaison, le lieu, la manière, le moyen, la quantité.
Dans : *Demain, dès l'aube, à l'heure où blanchit la campagne, je partirai…* trois compléments circonstanciels de temps précisent l'action exprimée par le verbe partir, ils répondent à la question quand ? posée au verbe : *demain, dès l'aube, à l'heure où blanchit la campagne.*

Le complément du nom

Le complément du nom, comme son nom l'indique, complète le nom… Ce peut être un nom, une proposition conjonctive…
Dans : *La fille du jockey possède un poney,* le nom *jockey* complète le nom *fille.*

On peut donner aussi un complément à l'adjectif :
Dans : *Le jockey est fier de son cheval,* le nom *cheval* est complément de l'adjectif *fier.*

L'épithète

Un adjectif qualificatif qui n'est pas séparé par un verbe du nom qu'il qualifie a la fonction d'épithète. L'épithète est donc placée à côté du nom qualifié, que ce soit avant ce nom (antéposé) ou après (postposé). Plusieurs épithètes peuvent qualifier le même nom.
Dans : *Déserte, immense et plate, la plaine silencieuse de Nitchevoï-Patchevoï n'est plus traversée par aucun cheval,* les adjectifs qualificatifs *déserte, immense, plate, silencieuse* sont épithètes de *plaine.*

L'apposition

L'apposition fournit au nom un équivalent qui le précise.
Dans : *Marcel Dechfal, jockey surdoué, suit un régime sans sel,* le groupe de mots *jockey surdoué* est mis en apposition à *Marcel Dechfal.*

L'apostrophe

Dans : *Ô temps ! suspends ton vol !* le poète interpelle le temps, mis en apostrophe.

Une analyse de phrase

Voici une phrase complexe découpée en propositions – principale et subordonnées – dont vous allez découvrir la nature et la fonction. D'une proposition principale dépendent des propositions subordonnées qui peuvent être relatives (introduites par un pronom relatif), conjonctives (introduites par une conjonction de subordination).

Dès que la dentellière qui cousait causa, on comprit de fil en aiguille que tout tournait rond dans son napperon.

Dès que la dentellière causa : proposition subordonnée conjonctive, introduite par la locution conjonctive de subordination *dès que,* complément circonstanciel de temps de la proposition principale *on comprit.*

Qui cousait : proposition subordonnée relative, introduite par le pronom relatif qui, complément du nom *dentellière.*

On comprit : proposition principale.

Que tout tournait rond dans son napperon : proposition subordonnée conjonctive, introduite par la conjonction de subordination que, complément d'objet direct de comprit – elle répond à la question : on comprit quoi ?

La ponctuation

Permis à points

Vous rappelez-vous que le point équivaut au *Stop*, que la virgule vous oblige à ralentir, que le point-virgule préserve la priorité des contre-allées de la pensée, que les deux points servent d'indicateur, que les points de suspension annoncent l'autoroute de l'imagination, que le point d'interrogation n'est qu'un rond-point, que le point d'exclamation souligne un point de vue, qu'entre les parenthèses se cachent parfois de petites idées aussi importantes que la maréchaussée, et qu'entre les guillemets se logent des présences sonores, comme la voix des pandores ? Vous savez tout cela, bien sûr, mais c'est plutôt théorique… Eh bien, passons à la pratique !

Écrire le point

La phrase française est en général composée d'un sujet, d'un verbe et d'un ou plusieurs compléments. Ainsi : *Mon tonton grognon tond son bon mouton. Mon tonton grognon* est le sujet, *tond* est le verbe, et *son bon mouton* est le complément. À la fin de cette phrase complète, on met donc un point.

Mais attention, la phrase peut être sans verbe : *Quel bon mouton !* Elle peut être réduite à un seul mot : *Oui ? Non !* À deux lettres : *Ah !*

Dans tous les cas, la phrase, qu'elle comporte cent mots ou

un seul, commence par une majuscule et se termine par un point, quel qu'il soit. Et, après le point qui termine une phrase, on commence la phrase suivante par une majuscule, obligatoirement.

Écrire la virgule

Le mot *virgule* vient du latin *virgula* qui signifie « petite branche » ou « petite baguette ». Et si on la regarde à la loupe, la virgule possède effectivement la forme de l'une ou de l'autre. Comment l'employer ?

Virgule et sujet

Plusieurs sujets se trouvent en tête de phrase : mettez une virgule après chacun d'eux, lorsqu'ils forment une unité, un groupe identifié – parfois, cependant, la virgule est omise avant le verbe.

Tonton, ses moutons, ses chapons, ses faucons, *s'en vont chez les Patagons.*

Si les deux derniers sujets sont reliés par une conjonction de coordination – par exemple et – on ne les fait pas suivre d'une virgule :

Tonton, son ennemi Gaston et un vieux barbon *s'en vont dans les Grisons.*

Virgule et épithète

Une épithète ou une série d'épithètes précédant ou suivant le sujet sont accompagnées de virgules :

Rouge, louche, *la sainte-nitouche* ***joyeuse, laborieuse,*** *pâlit en se mettant au lit.*

On peut aussi remplacer la virgule qui sépare deux épithètes par une conjonction de coordination – par exemple et –, on crée alors deux unités binaires détachées du sujet par des virgules :

Rouge et louche, *la sainte-nitouche,* ***joyeuse et laborieuse,*** *pâlit en se mettant au lit.*

Autre version :

Rouge et louche, joyeuse et laborieuse, *la sainte-nitouche pâlit en se mettant au lit.*

Ou bien encore :

Rouge, louche, joyeuse, laborieuse, *la sainte-nitouche pâlit en se mettant au lit.*

L'emploi de la virgule dans cette structure doit permettre d'exprimer d'autres nuances ; par exemple, si on veut insister sur l'adjectif *louche*, rien n'interdit de le mettre entre virgules, accompagné de son *et*, l'ensemble *et louche* étant lu un demi-ton au-dessous… :

Rouge, *et louche, la sainte-nitouche,* ***joyeuse et laborieuse,*** *pâlit en se mettant au lit.*

Autrement dit, l'emploi de la virgule ne répond pas à un code rigide, elle se plie au désir de l'auteur, et elle le sert avec précision, à condition qu'il sache vraiment ce qu'il veut dire…

Virgule et compléments

Le complément d'objet n'est pas séparé du verbe par une virgule :
Pour traverser le désert, le militaire emporte ***sa gourde*** (et non *emmène sa gourde,* car la *gourde* en question serait alors une personne !).
Si le complément d'objet est antéposé, il est suivi d'une virgule :
Sa gourde, *le militaire l'emporte pour traverser le désert.*
Si plusieurs compléments d'objet suivent le verbe, on les sépare par des virgules, à partir du deuxième – sauf s'ils sont reliés par une conjonction de coordination – :
Pour traverser le désert, le militaire emporte ***sa gourde, sa boussole, son casse-croûte et une enclume*** *– ainsi, s'il est poursuivi par un lion, il peut courir plus vite après l'avoir lâchée.*
Lorsqu'un ou plusieurs compléments précèdent un sujet et son verbe, on emploie la virgule :
Après s'être brossé les dents, avant de se mettre au lit, dès qu'il a quitté sa combinaison, dès que sa femme a enfilé la sienne, *le pilote enlève son casque.*
Lorsque le complément est directement suivi du verbe et que le sujet est inversé, on ne met pas de virgule :

Dans le brouillard *s'en vont un paysan cagneux et son beau-frère* (alors qu'on aurait écrit : *Dans le brouillard, un paysan cagneux et son beau-frère s'en vont).*

Si la proposition est une participiale, elle doit être suivie d'une virgule :

Les chevaux repartis sans jockey, *il fallut arrêter la course.*

Virgule et *mais, car*

On met une virgule avant mais et avant car :

Jeanneton prend sa faucille, ***mais elle refuse d'aller couper les joncs.***

Jeanneton refuse d'aller couper les joncs, ***car elle connaît la chanson.***

On peut supprimer la virgule avant *mais* lorsque les deux termes sont courts :

Jeanneton est ***jolie mais têtue.***

Si *mais* exprime une hésitation, une réflexion soudaine, on le fait suivre d'une virgule :

Mais, j'y pense, *j'avais rendez-vous avec Jeanneton !*

Virgule et *et*

Lorsque la conjonction de coordination unit des termes de même nature et de même fonction, on n'emploie pas de virgule :

Jeanneton se nourrit ***d'ail et de maroilles.***

On peut cependant utiliser la virgule pour mettre un dernier terme en relief :

*Ses parents se nourrissent aussi d'ail, de maroilles, d'oignons, **et d'époisses**…*

Lorsque, dans la phrase, la conjonction *et* introduit une proposition possédant un sujet différent, elle est précédée d'une virgule :

*Jeanneton se nourrit d'ail et de maroilles, **et son haleine la préserve des séducteurs malhonnêtes.***

La conjonction *et* peut servir à renforcer, de façon répétitive, les termes d'une énumération ; on la fait alors précéder d'une virgule – sauf s'il n'y a que deux termes – :

***Et le vent, et la pluie, et la neige, et la grêle** n'y font rien : Jeanneton marche vers son destin.*

***Et le soleil et la brise** rendent léger son blanc jupon.*

Virgule et *ni, ou*

Lorsque ni est répété deux fois, on ne met pas de virgule, il en est de même pour ou :

***Ni Danton ni Desmoulins** n'étaient coupables, et pourtant…*

*Ils avaient **ou trop parlé ou pas assez.***

Lorsque *ni* est répété plus de deux fois, on emploie la virgule, il en est de même pour ou :

***Ni Eylau, ni Wagram, ni Borodino,** n'ont été de véritables victoires de Napoléon.*

Virgule et *donc*

On fait suivre la conjonction de coordination *donc* d'une virgule lorsqu'elle introduit une confirmation de la pensée :

Donc, *si je vous comprends bien, cher Ludwig, vos premiers mots furent : « Pomme, pomme, pomme, pomme ! »*

Pas de virgule en revanche lorsque *donc* renforce une affirmation, ou introduit une conclusion :

« Nous sommes ***donc*** *en présence d'une œuvre qui est le fruit de vos souvenirs d'enfance, cher Ludwig. — Oui ! J'étais haut comme trois pommes… »*

Virgule et sens

Les propositions relatives, les participes, les noms ou adjectifs changent le sens de la phrase selon qu'ils sont placés entre virgules ou non :

Les animaux ***qui ont des poils*** *ne sont pas des oiseaux* (seuls les animaux qui ont des poils ne sont pas des oiseaux).

Les animaux, ***qui ont des poils,*** *ne sont pas des oiseaux* (cette phrase n'a pas de sens, car elle signifie qu'aucun animal n'est un oiseau…).

Les mannequins, ***qui sont de grande taille,*** *ne porteront pas de talons hauts* (aucun mannequin ne portera de talons hauts).

Les mannequins ***qui sont de grande taille*** *ne porteront pas de talons hauts* (seuls les mannequins qui sont de grande taille ne porteront pas de talons hauts, les petits mannequins en porteront).

*Les petits mannequins, **épuisés**, sont allés dormir* (tous les petits mannequins sont allés dormir).

*Les petits mannequins **épuisés** sont allés dormir* (parmi les petits mannequins, seuls ceux qui étaient épuisés sont allés dormir).

*Les professeurs, **se levant de bonne heure**, bâillent à 17 heures* (tous les professeurs bâillent à 17 heures parce qu'ils se lèvent de bonne heure).

*Les professeurs **se levant de bonne heure** bâillent à 17 heures* (seuls les professeurs qui se lèvent de bonne heure bâillent à 17 heures).

Virgule et *soit*

L'emploi de la virgule dépend du sens de soit :

***Soit**, vous m'avez offert en cadeau un beau serpent, tout fin et très long ! Mais, **soit** par négligence, **soit** par économie, vous avez oublié de me fournir la laisse pour le promener. J'en ai acheté une en peau de crocodile, et vous envoie la facture, **soit** cinq cents euros.*

Le premier soit signifie « j'en conviens », le deuxième et le troisième sont l'équivalent de *ou bien*. Le dernier a pour sens « c'est-à-dire ».

Virgule et Monsieur

Au début d'une lettre, on ajoute une virgule après *Monsieur, Madame, Cher ami, Chère amie, etc.*

Chère Madame,
Voici des fruits, des fleurs, des feuilles et des branches...
Poétiquement vôtre,
Votre P.V.

Virgule et sinon

On met une virgule avant *sinon* :
Prenez grand soin de votre rose, sinon elle va perdre les pétales.

Virgule et incise

Son nom l'indique : l'incise est une proposition qui trouve sa place dans une sorte d'incision, de coupure effectuée dans une autre proposition. L'incise nous apprend qui parle, ou bien à qui on s'adresse ; elle se place entre virgules :
*« Je vous renvoie vos fruits, **dit-elle**, vos fleurs, vos feuilles et vos branches... »*
L'incise peut aussi se trouver à l'extérieur des propos rapportés ; la virgule n'est utilisée que s'il n'y a aucune ponctuation à la fin des paroles rapportées :
*« Qu'avez-vous fait de mon cœur qui ne bat que pour vous ? » **répondit-il.***
*« Il n'était pas joint à l'envoi », **répliqua-t-elle.***

Virgule et *eh bien*

Eh bien (et non *Et bien…*) est une exclamation qui réclame une virgule :

Eh bien, *je ne savais pas qu'on écrivait eh, et non et, le eh de eh bien.*

Virgule et *seul*

L'adjectif *seul* peut être épithète détachée, et nécessite alors l'emploi de la virgule :

Seule, *elle tond sa pelouse chaque samedi.*

Seul adjectif épithète n'est pas séparé du nom qualifié par une virgule :

Seul le silence *est grand, tout le reste est faiblesse.*

Écrire le point-virgule

Dans une phrase développée, un peu longue, on se rend compte que la virgule ne suffit pas pour marquer les pauses nécessaires à la clarté de l'expression ; on peut donc fractionner cette phrase, sans nuire à l'unité de l'idée, à l'aide du point-virgule ; celui-ci peut séparer des propositions, des noms ou adjectifs complétés, etc. :

Les chats ont des griffes pour lacérer ; les serpents possèdent des crochets venimeux pour empoisonner ; les aigles déchirent leur proie avec leur bec ; les chiens ont des crocs pour dépecer. Et les hommes ? Ils ont les mots…

Pour une condamnation ; pour une exécution ; pour une blessure à mort ; pour un duel plus cruel que le corps à corps ; pour tout cela, mieux que les griffes, les becs et les crocs, il y a les mots.

En finesse

Lorsque vous écrivez, si vous sentez que votre phrase s'étire en longueur, si vous ne parvenez pas à y loger votre idée, pensez au point-virgule. Loin d'être inutile – ouvrez à n'importe quelle page Balzac, Hugo, Flaubert ou Proust, vous en trouvez –, ce signe de ponctuation est la preuve que celui ou celle qui écrit maîtrise en finesse l'élaboration de sa pensée. Et laissez dire ceux qui, aujourd'hui, le trouvent dépassé, les belles écritures en sont toujours ornées.

Dans le chiasme

On peut aussi trouver le point-virgule au centre d'un chiasme (c'est un mot savant qui signifie « croisement » ; cela consiste à placer en ordre inverse la syntaxe de deux groupes identiques). En voici deux exemples :
Pour les filles, le rose ; le bleu pour les garçons.
Des bleus pour les garçons ; pour les filles, des roses.
Le point-virgule est également nécessaire dans une phrase aux nombreuses virgules ; il permet de dissiper des ambiguïtés :

Elle est belle, séduisante, élégante ; elle satisfera tous vos désirs ; elle vous dorlotera, vous emportera dans le rêve ; alors, je vous la vends, cette télé ?

Écrire les deux points

Les deux points annoncent une explication :

Le radeau de la Méduse, *le célèbre tableau de Géricault, disparaîtra bientôt : les pigments de plomb utilisés par le peintre s'oxydent irrémédiablement.*

Les deux points et la citation

On utilise aussi les deux points pour introduire une citation.

Savez-vous que, lorsque vous demandez à quelqu'un : *Comment allez-vous ?* vous amputez la question de son complément : *à la selle ?*

En effet, au temps de la Renaissance, il était de bon ton de s'inquiéter, auprès de ses amis, de la qualité de leur séjour matutinal ou vespéral dans les lieux d'aisances…

Ce n'est pas une raison pour substituer, demain, au fameux *Comment allez-vous ?* une question équivalente, par exemple : *Tout s'est bien passé ?…*

Que dire alors, désormais, à ceux que vous rencontrez, si vous ne voulez pas éclater de rire ? Débrouillez-vous…

Les deux points dans l'histoire

Attention : si vous parcourez des textes du XVIe siècle qui n'ont pas été retouchés, ou qui sont transcrits le plus fidèlement possible, vous trouverez les deux points où vous ne les attendiez peut-être pas.

À cette époque, et même au XVIIe siècle, les deux points font partie des trois signes de ponctuation suivants : l'incisium (la virgule) qui sépare les mots ou groupes de mots, les phrases simples ; le comma (deux points, puis point-virgule) qui sépare les phrases plus longues se rapportant à une idée, à un sujet – *les fermes sentences d'une matière,* dit-on à l'époque – ; enfin, le colon, en grec (*punctum,* en latin), qui termine une idée, *démontre la fin de quelque matière.*

Écrire les points de suspension

Dans *suspension*, il y a *suspens*. Le suspens, c'est l'interruption – le *suspense*, mot d'origine anglais, désigne quant à lui une situation d'attente impatiente, et parfois liée à l'angoisse.

Les points de suspension suspendent, interrompent soit la phrase, soit la pensée qui se poursuit alors en un sous-entendu que le lecteur comprend.

Le point de suspension permet d'éviter de poursuivre une énumération :

Les chanteurs des années soixante et soixante-dix : Johnny

Hallyday, Jacques Dutronc, Patrick Juvet, Dave, Michel Polnareff...

La locution latine *et cætera* (et le reste), abrégée en *etc.*, ne doit jamais être suivie de trois points de suspension ; elle est toujours précédée d'une virgule :

Les chanteurs des années soixante et soixante-dix : Johnny Hallyday, Jacques Dutronc, Dave, Patrick Juvet, Michel Polnareff, etc.

Point de suspension et prudence

Les points de suspension évitent d'écrire ce qui peut être jugé excessif, vulgaire ou grossier :

« La place ? Je l'avais vue avant toi, et puis ton gros 4 x 4 ne me fait pas peur, espèce de c... ! »

« Recule, ou je t'écrase, moucheron de Lilliput, empapouaté, trafiquant de fatalatapouettes, gros c... ! »

« Vos papiers, bandes de c... ! »

Points de suspension et suspens

Si vous lisez les tragédies de Jean Racine (1639-1699), vous trouverez souvent des points de suspension ; ils sont employés au moment où un personnage s'apprête à épancher son cœur, à livrer ses sentiments, mais comme ce déballage aurait l'air un peu niaisouille – surtout si c'est un fier guerrier qui parle –, l'auteur a préféré couper court en utilisant les points de suspension. Ainsi, dans ce passage tiré de la tragédie *Andromaque*, Oreste le fier, l'amoureux et ombrageux guerrier s'adresse à Hermione, la passionnée :

ORESTE

Avez-vous en effet souhaité ma présence ?
Croirai-je que vos yeux à la fin désarmés
Veulent…

HERMIONE

Je veux savoir, Seigneur, si vous m'aimez.

Racine a employé les points de suspension, parce qu'on a bien compris ce que pourraient vouloir ces yeux désarmés… C'est ce qu'on appelle le suspens racinien.

Points de suspension et suppression

On emploie les points de suspension entre parenthèses pour signifier qu'une partie de phrase a été supprimée :
Le jour (…) se levait à peine. Le train (…) entra en gare (…) comme par effraction.
On emploie les points de suspension entre crochets pour signifier qu'une partie du texte a été supprimée :
François et Françoise pénétrèrent discrètement dans l'hôtel […]. Enfin, ils se retrouvèrent dans la rue, fourbus.

Avec les points de suspension, on prépare le lecteur à une petite surprise :
Et vous avez gagné… le droit de continuer à lire !

Points de suspension et supplément

On peut mettre un point de suspension après un point d'interrogation ou un point d'exclamation, afin de créer un effet supplémentaire, celui de l'attente, de la surprise, de la stupeur, etc.
François et Françoise se quittèrent sur le quai de la gare. Il lui dit : « Au plaisir !… » Elle lui demanda : « Dans combien de temps ?… » Il lui répondit : « Dans un mois, dans un an ! »…

Points de suspension et silence

Dans un dialogue, on peut rencontrer les points de suspension lorsque l'un des interlocuteurs veut garder le silence :
– *François, n'est-ce pas le début d'un vers de Racine ?*
– …
– *Celui où Bérénice et Titus se séparent ? Que vouliez-vous me faire comprendre, François ?*
– …
– *Mais quelle est mon erreur, et que de soins perdus ! François, répondez…*
– …
François, comme tous les hommes dans cette situation délicate,

gardait un silence penaud, impatient de prendre la poudre d'escampette.

Écrire le point d'exclamation

Comme son nom l'indique, le point d'exclamation sert à donner au mot, à la phrase qu'il suit, le ton de celui qui s'exclame. L'exclamation accompagne la colère, l'indignation, l'étonnement, la joie, la peine, tout ce qui provoque remous ou vagues dans la pensée.

La verticalité du point d'exclamation ressemble à un barrage élevé en hâte pour que la parole ne coure pas le risque d'un incontrôlable débordement ; c'est à la fois un laisser-aller et une retenue. On l'emploie après une interjection :

Ah ! Aïe ! Aïe, aïe, aïe ! Ouille ! Eh ! Eh, eh ! Oh ! Oh, oh, oh ! Chut ! Oh non ! Oh là là ! Hi, hi ! Ha, ha ! Ho, ho ! Eh bien ! Ça alors ! Hélas ! Ah bon ? Ah non ! Ah oui ? Ah zut !

Ah ! Ha !

Doublée ou triplée, l'interjection *ah* suivie d'un point d'exclamation exprime le rire en rapport avec l'humour ou l'ironie :

Ah ! ah ! ah ! Elle est très drôle, votre anecdote !

Après l'interjection *ah* suivie d'un point d'exclamation, on n'utilise pas de majuscule si la phrase n'est pas terminée :

Ah ! je la trouve très en forme !

On utilise une majuscule si on veut disjoindre du début de la phrase l'interjection *ah*, insister sur la surprise :

Ah ! Vous m'aviez habituée à moins de rudesse !

Le rire né d'une situation comique, le gros rire est plutôt traduit par le doublement ou le triplement de l'interjection *ha* :

Ha, ha, ha ! fit le clown avant de tomber, le derrière dans la bassine pleine d'eau glacée !

Écrire le point d'interrogation

Évidemment, si on écrit un point d'interrogation, c'est qu'on s'interroge ou qu'on fait s'interroger un personnage présent dans la page.

Attention, cependant, à l'interrogation directe et à l'interrogation indirecte.

Dans l'interrogation directe, on écrit le point d'interrogation à la fin d'une structure qui commence par un pronom interrogatif ou par un adverbe d'interrogation :

Qu'allait-il faire dans cette galère ? Qu'est-ce qu'on peut faire dans une galère ?

Interrogation indirecte

Dans l'interrogation indirecte, on emploie un verbe introducteur – *se demander*, ou bien un autre verbe du même sens. Ainsi, le point d'interrogation et la structure interro-

gative ne sont plus nécessaires puisque le verbe introducteur remplace l'idée qu'ils traduisaient :
J'ignore ce qu'on peut faire dans une galère (et non J'ignore qu'est-ce qu'on peut faire...).
Je me demande ce qu'il allait faire dans cette galère (et non Je me demande qu'est-ce qu'il allait faire...).

Suite interrogative

Plusieurs propositions interrogatives peuvent se succéder. Selon leur sens ou selon la cadence qu'on veut donner à la phrase, on peut utiliser un seul ou plusieurs points d'interrogation :
Fallait-il qu'il aille sur ce bateau, fallait-il qu'il risque ainsi sa peau ? Fallait-il qu'avant Molière il y eût Cyrano ?

(?)

Le point d'interrogation entre parenthèses dans une phrase traduit un certain scepticisme, une surprise, ou bien souligne l'aspect abstrus, incompréhensible d'un passage :
La vérité, dans une axiomatique nominaliste, subodore une probabilité épistémologique (?) purement conventionnelle.

Écrire les parenthèses

Le mot *parenthèse* vient du verbe grec *parentithenai* qui signifie « insérer ».

La parenthèse est l'insertion d'une idée, d'un mot, d'une précision chiffrée, d'une courte digression, à l'intérieur d'une phrase.

Pour insérer une parenthèse, on utilise deux signes typographiques appelés… les parenthèses : ( ).

On peut écrire et dire : *Permettez-moi d'ajouter, par parenthèse…*, ou bien : *Il faut savoir, entre parenthèses, que…*, ou bien : *J'ouvre une parenthèse pour vous préciser que…*, mais jamais : *Il est à souligner, entre parenthèse, que…* : le mot *parenthèse*, ici, ne peut être employé au singulier, puisque les parenthèses vont par deux.

Lorsqu'on dicte un texte, on annonce : *Ouvrez la parenthèse,* puis : *Fermez la parenthèse.*

Parenthèses et précision

Les parenthèses apportent une précision :

Avant de lancer ses soldats à l'assaut du plateau de Pratzen (ils attendent le signal depuis plus de trois heures), Napoléon sait qu'il peut perdre la bataille en moins de trente minutes. Austerlitz (petit village de Moravie) s'apprête à entrer dans l'Histoire.

Didascalies

On les utilise aussi dans les textes de théâtre pour donner les indications scéniques (ou *didascalies*, qui signifie, en grec : « indications scéniques »...). Ainsi, dans *Les Femmes savantes* de Molière, acte III, scène 3, vers 943-947 :

PHILAMINTE
Du grec, ô ciel ! du grec ! Il sait du grec, ma sœur !

BÉLISE
Ah ! ma nièce, du grec !

ARMANDE
Du grec ! quelle douceur !

PHILAMINTE
Quoi ? monsieur sait du grec ? Ah ! permettez, de grâce,
Que pour l'amour du grec, monsieur, on vous embrasse.
(Il les baise toutes, jusques à Henriette, qui le refuse.)

HENRIETTE
Excusez-moi, monsieur, je n'entends pas le grec.

Parenthèse et fin

Si la parenthèse termine une phrase, le point final doit être placé à l'extérieur :
Celui qui est accueilli par Philaminte, la femme de Chrysale, s'appelle Vadius (on sait que, pour créer ce personnage, Molière s'est ins-

piré d'un savant vaniteux qu'il connaissait bien : Ménage).

Si la parenthèse est ouverte après un point, on place le point final avant de la fermer :

Celui qui est accueilli par Philaminte, femme de Chrysale, s'appelle Vadius. (On sait que, pour créer ce personnage, Molière s'est inspiré d'un savant vaniteux qu'il connaissait bien : Ménage.)

Écrire les tirets

Les tirets sont utilisés pour mettre en relief, avec plus ou moins d'insistance, un élément de la phrase (alors que les parenthèses sont plutôt destinées à masquer, à rendre secondaire ce qu'elles encadrent).

Cette mise en relief est informative – on révèle un détail, on donne un chiffre, on explique brièvement le mot qui précède – ; mais on peut lui donner aussi certaines tonalités particulières, tels l'humour, l'ironie, ou faire ressortir une antithèse (une opposition) :

Cet homme – qui n'avait cessé de discourir sur l'honnêteté, la morale – fut arrêté à la fin de sa vie pour trafic de fatalatapouettes.

Tirets et dialogue

Le tiret est utilisé pour marquer les répliques dans un dialogue romanesque :

– *Qu'y a-t-il entre vous et moi ?*

– Il y a la conjonction et.
– Vous vous moquez !
Elle le regarda avec froideur et ironie. Elle ajouta :
– Non, je ne me moque pas, je ne vois rien d'autre…

Il suit le nom du locuteur dans un compte rendu, dans une pièce de théâtre :
TRISSOTIN.– Allez, petit grimaud, barbouilleur de papier.
VADIUS.– Allez, rimeur de balle, opprobre du métier.
TRISSOTIN.– Allez, fripier d'écrits, impudent plagiaire.
VADIUS.– Allez, cuistre…
(Les Femmes savantes, acte III, scène 3, vers 1015-1018.)

Écrire les guillemets

Connaissez-vous l'histoire du mot *guillemet* ? L'inventeur en est un imprimeur du nom de Guillaume (probablement Guillaume Le Bret, qui imprima en 1538 le *Rommant de la Rose*). On voit apparaître ce signe en marge des textes à partir de 1527. Au XVIIIe siècle, on les intègre au texte afin de moins utiliser les lettres italiques.

Il existe trois sortes d'écriture de guillemets : les guillemets français (qui datent du début du XIXe siècle) : « … » ; les guillemets anglais (ou italiens) qui ont la forme de virgules volantes : "…" ; les guillemets droits : "…". Les plus utilisés sont les guillemets français.

Guillemets et citation

Aujourd'hui, on utilise les guillemets pour effectuer une citation, le guillemet ouvrant étant précédé de deux points – le point final se place alors avant les guillemets fermants – :
Voltaire, Courteline, Tristan Bernard, ou bien quelqu'un d'autre, a écrit : « L'homme n'est pas fait pour le travail ; la preuve, c'est que ça le fatigue. »

Lorsque la citation est incluse dans le fil de la phrase, sans les deux points qui l'annoncent, le point final se met après le guillemet fermant :
*Paul Léautaud dit qu'il adore les animaux, mais qu'il « **déteste les bêtes** ».*

Guillemets et paroles rapportées

Les paroles rapportées peuvent l'être de deux façons.
Ou bien on utilise le discours indirect qui ne nécessite pas l'emploi des guillemets :
Le professeur demande à sa classe ce qu'est un chauffeur de corbillard. Si un élève répond que c'est un pilote-décès, doit-il être sanctionné ?

Ou bien on utilise le discours direct, en ne mettant entre guillemets que les paroles vraiment prononcées ; le premier mot après le guillemet ouvrant prend alors une majuscule :

Le professeur demande à sa classe : « Qu'est-ce qu'un chauffeur de corbillard ? » Si un élève répond : « C'est un pilote-décès ! » doit-il être sanctionné ?

On peut ne rapporter qu'une partie des paroles prononcées, éventuellement en caractères gras – mais seulement les paroles véritablement prononcées. Par exemple, dans la phrase suivante, la conjonction que, n'a pas été prononcée ; elle demeure à l'extérieur des guillemets, de même que le verbe pouvait qui appartient au contexte narratif :
*Dans son entretien avec le professeur, l'inspecteur a souligné que « **le seul danger de ce genre de calembour est de mourir de rire** », et que « **mourir de rire permet de mourir plusieurs fois par jour** ». Le professeur a ajouté qu'on pouvait aussi « **mourir d'aimer plusieurs fois par an** ».*

Guillemets prudents

On met entre guillemets un mot ou un groupe de mots qu'on ne désire pas prendre en charge, parce qu'il constitue un écart de langage, ou parce qu'on veut en laisser l'entière responsabilité à celui qui l'a prononcé ou écrit :
*Le malfaiteur a avoué que, lors de l'attaque de la banque, il avait vraiment exagéré, ou plutôt, selon ses propres termes, « **complètement déconné** » en menaçant le directeur, M. Loiseau, avec un lance-pierres.*

Lorsque dans une citation entre guillemets, on doit insérer une autre citation entre guillemets, on utilise les guillemets anglais :

« Je vous rappelle les paroles de mon client, monsieur le président : "Mon lance-pierres n'était même pas chargé !" »

Guillemets et titres

On met entre guillemets (ou en italiques non encadrés de guillemets, présentation aujourd'hui la plus fréquente) les titres de livres, de films, d'œuvres en général :

Balzac a écrit *La Comédie humaine*, Malraux *La Condition humaine*, et J. Vallée *L'Histoire du Maine*.

Guillemets et néologisme

Le néologisme – mot inventé pour l'usage qu'il possède dans la phrase – se met entre guillemets :

N'est-ce pas le Petit Paul dans une œuvre de Marcel Pagnol qui veut « démourir » un oiseau, c'est-à-dire le ressusciter ?

Guillemets et dialogue

Un dialogue est généralement encadré de guillemets :

Paul K. s'adressa alors au président :

« Monsieur le président, avez-vous un jour dansé la polka ?

– Bien sûr, monsieur Paul K. !

– Et vous est-il arrivé de faire un faux pas ?

– Jamais, monsieur Paul K. » Le silence se fit dans le prétoire. L'huissier se pencha alors vers le président, en lui chuchotant :
« Une pervenche vous a collé une contredanse !
– Cela ne fait rien, je la ferai sauter !
– …
– Je ferai sauter la contredanse ! Revenons à la polka, euh, je veux dire à Paul K. »

Dialogue moderne

Mais on pouvait fort bien se passer de guillemets dans le passage qui précède. Le fait d'aller à la ligne et de mettre un tiret signifiant que quelqu'un prend la parole, l'emploi des guillemets devient alors superfétatoire (le mot *superfétatoire* signifie « superflu ») et redondant (c'est un synonyme de *superflu* et *superfétatoire*…). La suppression des guillemets rend plus clair, plus direct l'échange entre les personnages :

Paul K. s'adressa alors au président :
– Monsieur le président, avez-vous un jour dansé la polka ?
– Bien sûr, monsieur Paul K. !
– Et vous est-il arrivé de faire un faux pas ?
– Jamais, monsieur Paul K.
Le silence se fit dans le prétoire.
L'huissier se pencha alors vers le président, en lui chuchotant :
– Une pervenche vous a collé une contredanse !

– Cela ne fait rien, je la ferai sauter !

– …

– Je ferai sauter la contredanse ! Revenons à la polka, euh, je veux dire à Paul K.

Écrire les crochets [...]

Outre leur emploi pour signifier qu'une partie du texte proposé a été supprimée, on trouve les crochets dans les livres de poésie. En effet, lorsque le vers est trop long pour être logé dans une ligne, l'utilisation du crochet permet de faire comprendre qu'au-dessus ou au-dessous du vers incomplet, se trouve sa fin.

Dans un dictionnaire, la transcription phonétique d'un mot – à l'aide de l'alphabet phonétique international – est proposée entre crochets (les indications concernant l'étymologie figurent entre parenthèses).

Comment dire, prononcer, écrire ?

A et À

Un doute pour écrire *a* ? Met-on un accent, n'en met-on pas ? Il suffit, pour le savoir, de remplacer *a* par *avait* : si la phrase possède encore du sens, c'est que ce *a* est le verbe avoir à la troisième personne du singulier (*j'ai, tu as, il a*) ; si la phrase n'a plus de sens, c'est qu'il faut écrire *à*, avec un accent grave – la préposition.

Le cigogneau a *demandé* à *sa maman comment les bébés naissent* (*Le cigogneau avait demandé*... cette phrase a du sens, donc on écrit *a*, il s'agit du verbe avoir ; *Le cigogneau a demandé avait sa maman*... cette phrase n'a pas de sens, donc on écrit *à*, il s'agit de la préposition).

À et de

Pour établir un lien d'appartenance, de possession, on utilisait indifféremment, en ancien français, à ou de. Depuis le XVIIe siècle, seule la préposition de est employée : *Voici la correspondante de Lisa* (et non *à Lisa*) ; *C'est le portefeuille de Louis* (et non *à Louis*). La préposition *à* subsiste dans certaines expressions : *la bande à Bonnot, un fils à papa.*

À et ou

Attention : avez-vous imaginé ce que peut être la réalité lorsque vous dites : *Cinq à six personnes attendaient l'ouverture du magasin ? Cinq à six personnes ?* Cinq personnes un quart ? Cinq personnes et demie ? Remplacer la préposition *à* par *ou* et dire *cinq ou six personnes* permet d'imaginer soit cinq, soit six personnes, sans vivisection, sans demi-portion…

Ab…

Les mots commençant par *ab* ne prennent qu'un *b* sauf : *abbé, abbatiale, abbaye, abbesse, abbevillien.*

Abasourdir

Le *s* du verbe abasourdir se prononce *z.*

Abhorrer

Le verbe *abhorrer* est l'équivalent de *détester*. Il ne faut pas le confondre avec *arborer* qui signifie « montrer avec ostentation », qu'il s'agisse d'un drapeau, d'un insigne, d'un sourire, d'une opinion…

Aborigène

Dans *aborigène*, on trouve le mot *origine*. Un aborigène habite son pays depuis des générations, presque depuis les origines. On donne surtout ce nom au peuple australien installé depuis des millénaires sur son continent, avant l'arrivée des Hollandais, puis des Anglais. Les termes parents d'*aborigène* (et non *arborigène*) sont : *autochtone, indigène, naturel, natif.*

Abréviations

Monsieur s'abrège ainsi : *M.*, et non **Mr** qui est l'abréviation pour l'anglais *Mister*. Au pluriel on écrit, pour messieurs : *MM.* Exemples : *M. Dupont, Mr Pickwick ; MM. Dupont et Martin.*
Mademoiselle s'abrège ainsi : *Mlle*
Exemple : *Mlle Dupont* (au pluriel : *Mlles*).
Madame : Mme
Maître : Me
Monseigneur : Mgr
Cependant, en France, pour la correspondance, on n'abrège pas les appellations et les titres.

Académie française

Fondée en 1635 par Richelieu, le ministre de Louis XIII, notre aïeule à tous se situe aujourd'hui au bord de la Seine, à Paris, quai de Conti. Elle comporte quarante membres qu'on appelle les « immortels ». Elle veille avec amour sur nos mots, nos tournures et nos expressions, leur permettant de passer aisément d'un âge à l'autre. On écrit l'*Académie française* en employant la majuscule seulement pour *Académie*, l'adjectif *française* prend une minuscule.

Accaparer

Le verbe *accaparer* doit être suivi d'un complément d'objet direct (il est transitif direct) : on *accapare* quelqu'un ou quelque chose. On ne doit pas l'employer à la voix pronominale : le verbe *s'accaparer* est utilisé seulement en Belgique.

Accents

Pas d'accent circonflexe sur *bateau* (ne pas confondre avec *bâtiment*), *aromate, aromatiser, atome, bagout, boiter, boiteux, chalet, chapitre, chute, cime, colon* (le colonisateur), *déjeuner, dévot, drolatique, égout, fantomatique, fibrome, fut* (passé simple du verbe *être : il fut*), *gaine, gracier, gracieux, haler* (tirer une charge), *havre, infamant, moelle, pédiatre, psychiatre, psychiatrie, pupitre, racler, symptomatique, tache* (*de café, de sang*), *zone.*

Un accent circonflexe dans *abîme (le chapeau de la cime est tombé dans l'abîme), aîné, arôme, bâbord, bêtise, boîte* (*de carton* par exemple), *boîtier, côlon* (l'intestin), *dîme, diplôme, épître, flâner, flûte, fût* (*de colonne, de vin* ou *de fusil* ; subjonctif imparfait du verbe *être : qu'il fût*), *gîte, hâler* (bronzer), *infâme, jeûner, piqûre, symptôme, tâche* (le travail).

Acception, acceptation

L'*acception* est la signification d'un mot, d'une expression. L'*acceptation* est le fait de consentir à quelque chose, de l'accepter.

Accommoder

Accommoder, de même que *raccommoder*, prend deux *c* et deux *m*.

Accueil

Dans *accueil*, *accueillir*, on inverse le *e* et le *u* du son « eu ». Si on omet de le faire et qu'on écrive *acceuil*, on prononcera « asseuil »…

Il en est de même pour *cueillir, recueil, recueillir, cercueil, écueil…*

Acquit, acquis

Un *acquit* est la reconnaissance écrite d'un paiement ; *acquit* est le nom dérivé du verbe *acquitter*. Si on ne veut avoir ni remords ni regrets, on agit *par acquit de conscience* (avec un *t* et non un *s*).

Acquis (avec un *s* final) est le participe passé du verbe *acquérir* : « *J'ai acquis* ce bien il y a deux jours. » C'est aussi un adjectif : « Les avantages *acquis* ne seront pas remis en cause. » C'est enfin un nom commun : « Les *acquis* de votre enfant en orthographe sont sans doute comparables aux vôtres, si on fait confiance à la génétique. »

Ad…

Les mots commençant par *ad* ne prennent qu'un *d* sauf :

addenda (ajout fait à un ouvrage), *addition, adduction, addiction* (toxicomanie, boulimie…) et leurs dérivés.

Adhérent, adhérant

Un *adhérent* est celui qui adhère, s'inscrit à une association, un parti politique, un club, etc. *Adhérant* est le participe présent du verbe *adhérer*. Il peut faire partie d'un gérondif : « *En adhérant* à ce club de joueurs de flûte, vous bénéficiez d'un stage à Hameln. » Il peut jouer son rôle de participe présent dans une phrase : « Tout individu *adhérant* (on peut remplacer *adhérant* par *qui adhère*, il a donc la valeur d'un verbe, au participe présent ici) à ce club de joueurs de flûte en devient un *adhérent* (*adhérent*, précédé d'un déterminant, est nom commun). »

Adjectif verbal

L'adjectif verbal se termine par *ant* ou *ent*, il est variable. Le participe présent se termine par *ant*, il est invariable. Les verbes en *guer* gardent le *u* du radical au participe présent. Ce *u* disparaît dans l'adjectif verbal.

Pour distinguer l'un de l'autre, on peut dire que, généralement, le participe présent peut être remplacé par une subordonnée conjonctive, l'adjectif verbal (en position d'épithète) par une subordonnée relative.

Cet enfant fatigant (pas de *u*) *sera réprimandé.*

Fatiguant ses parents, cet enfant sera privé de dessert (« Parce qu'il fatigue ses parents... » : *fatiguant*, participe présent, peut devenir une subordonnée conjonctive).
Émergeant de la crise économique, ce pays est en voie de redressement.
Ce pays *émergent* (« qui émerge », l'adjectif verbal épithète peut devenir une subordonnée relative) *n'aura pourtant pas un taux de croissance élevé.*
Naviguant près de la côte, le bateau a coulé.
Le personnel navigant est en grève.
En le convainquant, vous gagnerez.
Ce n'est pas un vendeur convaincant, il perdra le marché.
Provoquant la foule, il se met en danger.
Ses propos provocants lui nuisent.

Adjectif et majuscule

La règle générale est de ne pas mettre de majuscule à l'adjectif (mais il y a des exceptions...) : on écrit *un Français* (nom propre), mais *un routier français* (*français* prend ici une minuscule parce qu'il est adjectif qualificatif) ; *un Espagnol*, mais *un poète espagnol* ; *un Polonais*, mais *un compositeur polonais* ; *un Québécois*, mais *un skieur québécois* ; *un Peau-Rouge*, mais *des Indiens peaux-rouges* ; *un Francilien*, mais *un automobiliste francilien* ; *le Pays basque* ; *le Massif central.*
L'adjectif peut prendre une majuscule s'il est placé avant le

nom qu'il qualifie et si ce nom prend aussi une majuscule : *la Grande Ourse* ; *le Nouveau Testament.*

Il prend une majuscule s'il est lié au nom par un trait d'union : *la Croix-Rouge* ; *la Comédie-Française.*

Adverbes

On ajoute *ment* aux adjectifs qualificatifs masculins terminés par *ai, é, i, u,* pour former l'adverbe de manière. Exemples : *vraiment* (attention, exception : *gaiement*), *posément, désespérément, joliment, éperdument* (attention : *assidûment, continûment, crûment, dûment, goulûment, indûment* prennent un accent circonflexe sur le *u*). Certains adjectifs terminés par *e* changent ce *e* en *é* : *aveugle, aveuglément.*

À partir des adjectifs terminés par ant, on forme les adverbes suivants en conservant le *a* : *brillant, brillamment ; constant, constamment ; courant, couramment ; élégant, élégamment ; méchant, méchamment...*

À partir des adjectifs terminés par *ent,* on forme les adverbes suivants en conservant le *e* : *apparent, apparemment ; ardent, ardemment ; décent, décemment ; conscient, consciemment ; différent, différemment ; éminent, éminemment ; évident, évidemment ; fréquent, fréquemment ; innocent, innocemment ; négligent, négligemment ; patient, patiemment ; pertinent, per-*

tinemment ; précédent, précédemment ; prudent, prudemment ; récent, récemment ; violent, violemment…

Aéro

Aéro signifie « air » ; on le trouve dans *aéroport, aérodrome, aéro-club, aéronaval…*

Aréo évoque Arès, le dieu de la guerre chez les Grecs. On le trouve dans *aréopage* qui désignait un tribunal siégeant sur la colline d'Arès à Athènes, mais qui désigne aujourd'hui une assemblée de personnes très compétentes dans un domaine précis.

L'aréopage attendait dans l'aéroport.

Affaire

On a *affaire* à quelqu'un, on peut avoir affaire à la justice. On a *à faire* face à quelqu'un. On a *à faire* son devoir de citoyen en respectant le Code de la route, sinon on a *affaire* à la maréchaussée !

Ag…

Les mots commençant par *ag* ne prennent qu'un *g* sauf : *agglomérer, agglutiner, aggraver* et leurs dérivés.

Aigu

Aigu fait au féminin *aiguë*, le tréma se met sur le *e* et non sur le *u*. Il en est de même pour *ambiguë* féminin de *ambigu, exiguë, contiguë*. On écrit *ambiguïté, exiguïté, contiguïté* avec le tréma sur le *i*.

En 1975, malgré la règle en vigueur qui précise que le tréma doit être mis sur la deuxième voyelle, l'Académie proposait que celui-ci soit placé sur le *u* dans tous les mots précédents.

Le Conseil supérieur de la langue française a réitéré ces propositions en 1990. L'usage n'a pas suivi, la règle demeure ce qu'elle était : on met le tréma sur la seconde voyelle.

Aîtres

Les *aîtres*, parfois orthographié : les *êtres*, désignent la disposition des pièces d'une maison. Ces deux mots ne fréquentent plus beaucoup les textes contemporains ; ils ont pourtant leur charme et leur utilité.

À l'attention de, à l'intention de

Sur un document, une lettre, un message qu'on destine à quelqu'un de précis, on écrit *à l'attention de…* Ce message peut inviter le destinataire à se joindre à une soirée entre amis organisée *à l'intention de* quelqu'un dont on fête l'anniversaire, la fête ou le retour d'un long séjour au soleil (ou à l'ombre…).

Aller et retour

On écrit *des aller et retour*, ou *des aller-retour*. Cependant, l'invariabilité de l'expression n'est guère appliquée, et on rencontre *des allers et retours* ou *des allers-retours*, ce qui semble logique puisqu'on écrit *des allers* et *des retours*.

Almanach

Almanach se prononce « almana ».

Alors que

Cette locution conjonctive exprime l'opposition. Elle doit être employée en entier. Or, ce n'est pas toujours le cas. En effet on entend parfois le *que* seulement, amputé de son *alors*. La phrase comporte ainsi un « vide » fautif que ne perçoivent pas ceux qui en sont responsables : « Muriel a toujours aimé la lecture, que son frère, lui, préfère le sport ! » (au lieu de la forme correcte : « … alors que son frère… ») ; « Cet abonnement vous permet une certaine souplesse d'utilisation, que l'autre, moins cher, est plus rigide » (au lieu de : « … alors que l'autre, moins cher, est plus rigide »).

Alternative

Une alternative contient l'idée de deux possibilités. Il est incorrect d'employer *double alternative* lorsqu'on veut parler de deux choix possibles.

Être ou *ne pas être. Il hésite devant cette alternative.*
Je suis placé devant cette alternative : partir vivre à Cuernavaca ou demeurer à Papantla. La première possibilité me comblerait.

On entend de plus en plus l'emploi du mot *alternative* pour désigner une « solution de remplacement » : « Existe-t-il une alternative au transport par la route ? » Dans ce cas, c'est le sens anglais qui est utilisé. On peut alors remplacer alternative par *choix* : « Existe-t-il un autre choix que celui du transport par la route ? »

Amour

Au singulier, *amour* est masculin dans la majeure partie des cas, mais on peut le rencontrer au féminin en poésie. Au pluriel, les deux genres sont utilisés ; toutefois, le féminin pluriel est réservé à la passion amoureuse.

Années

« Elle s'établit à Xalapa, dans les années 80… » signifie que l'on fait allusion à des années commençant toutes par 80 (81, 82, 83, etc. jusqu'à la fin de la décennie). Dire « Elle s'établit à Xalapa, dans les années 82… » est une double erreur, car d'une part, il n'y a qu'une année 82, et d'autre part, 82 n'indique pas une période décennale.

Ap...

Les verbes commençant par *ap* prennent deux *p*, sauf : *apercevoir, aplanir, aplatir, apeurer, apaiser, apitoyer, apostropher, apostiller, apurer.*

Appas, appâts

Les *appas* d'une femme (ce qui, chez elle, attire physiquement) peuvent faire succomber le pécheur. Mais, aux *appâts* du pêcheur, ce sont les poissons qui succomberont.

Argent

À quelqu'un qui disait un jour : « J'ai tellement d'argent que je ne sais plus où la mettre », il fut répondu : « Mettez donc votre argent d'abord au masculin ! » En effet, *argent* n'est pas du genre féminin mais masculin. La *monnaie*, les *pièces* contaminent sans doute ce mot de leur féminin.

Arles

Au temps où le roi batailleur Rodolphe II gouvernait l'éphémère royaume d'Arles au Xe siècle, il était logique qu'on annonçât : « Je m'en vais en Arles » sans forcément traverser ou visiter la ville d'Arles. En revanche, dire : « Je m'en vais à Arles » indiquait précisément que le point de chute du voyage se situait dans la capitale du bagarreur Rodolphe. Aujourd'hui, plus de Rodolphe II, plus de royaume d'Arles depuis des siècles... On s'en va donc *à Arles,* et non *en Arles*, sauf, bien sûr, si on imite par jeu ou par conviction quelque sujet pédant du grand royaume des snobs...

Astronomie

Le nom des planètes, des étoiles, des constellations prend une majuscule :

Pour que les hommes aillent sur Mars, il faudrait d'abord y envoyer les femmes. La Lune tourne autour de la terre. La planète Vénus tourne dans le sens inverse des autres planètes. L'étoile Polaire se situe dans le prolongement du bord de la Grande Ourse. La Voie lactée est la partie la plus visible de la galaxie dans laquelle nous nous trouvons.

En dehors du contexte de l'astronomie, les mots *lune, terre* et *soleil* ne prennent pas de majuscule.

Aucun

Lorsqu'ils sont adjectifs indéfinis, *aucun* et *aucune* possèdent une valeur négative : « Nous n'avons remarqué aucune erreur dans ce texte. » Ils sont rarement employés au pluriel, sauf devant les mots qui n'ont pas de singulier : *aucuns frais, aucuns honoraires, aucunes royalties, aucunes funérailles, aucunes rillettes.*

Au temps pour moi !

C'est ainsi que l'on s'excuse parfois auprès des autres pour avoir fait une erreur, et c'est ainsi que l'on doit écrire cette expression (et non *autant pour moi !*). *Au temps* fait partie du vocabulaire équestre, militaire, sportif et musical ; cela signifie qu'il faut revenir au temps où devait commencer un mouvement. Si on écrit *autant pour moi*, on emploie l'adverbe de quantité *autant* ; cet emploi est justifié lorsqu'une égalité est exprimée : *Ma voisine a réservé deux places de théâtre ? Réservez-en autant pour moi, et autant pour son mari.*

Autre

Dans l'expression *entre autres, autres* est au pluriel : « Verlaine, Rimbaud, Baudelaire, entre autres, figurent sur le tableau. » On écrit *de temps à autre* (autre au singulier).

Auxerre

On prononce « Au-ss-erre », « au-ss-errois » (et non « Aukserre », « aukserrois »).

Avatar

Le mot *avatar* vient de la religion hindoue où il signifie « métamorphose ». Il désigne des changements, des modifications d'ensemble, des transformations, mais en aucun cas des difficultés, des problèmes ou des ennuis.

Avérer

Ce verbe vient du latin *verus* qui signifie « vrai ». Dire d'une information qu'elle est *avérée* signifie donc qu'elle est vraie. À la voix pronominale, *s'avérer* ne peut être suivi de *vrai*, car *s'avérer vrai* est un pléonasme, ni de *faux*, car *s'avérer faux* est une contradiction. Dans le doute, le verbe *s'avérer* peut être remplacé par *se révéler.*

Cette nouvelle vient d'être avérée.

Les solutions proposées se sont révélées fausses (et non se sont avérées fausses).

Sa résistance à l'adversité s'avère étonnante.

Avignon

Le souvenir de l'État papal (XIVe siècle) rassemblant plusieurs cités autour d'Avignon, celui du Comtat Venaissin (réuni à la France en 1791), un reste de langue d'oc – ou un zeste de snobisme –, tout cela fait précéder *Avignon* de la préposition *en*, comme s'il s'agissait d'un pays. Or, Avignon est une ville comme une autre, et on doit dire : *J'ai passé quelques jours à Avignon,* et non *en Avignon.*

Avoir l'air

Lorsqu'on parle d'une personne, on peut accorder avec le sujet si on considère que *avoir l'air* a le sens de « paraître », « sembler » : *Cette conférencière a l'air (d'être) intéressante.*

Elle n'a pas l'air très contente.
On accorde avec *air* lorsqu'on parle de la physionomie, de l'allure de la personne : *Cette conférencière a l'air sérieux.*
S'il s'agit d'une chose, on accorde avec le sujet : *Ces pommes ont l'air bonnes* (on ne peut dire : *Ces pommes ont l'air bon...*).

Bailler, bâiller, bayer

Dans la pièce de Molière *Les Femmes savantes*, acte II, scène 5, la servante Martine vient d'être chassée parce qu'elle martyrise la langue française. Elle révèle ainsi son malheur au maître de maison Chrysale : *On me menace, si je ne sors d'ici, de me bailler cent coups.*
Ce verbe **bailler** vient du latin *bajulare* qui signifie « supporter, endurer, recevoir, donner ». On le trouve aussi dans l'expression issue de l'ancêtre du tennis, le jeu de paume : *vous me la baillez belle* (vous me donnez une bonne balle, où il faut comprendre : vous me donnez une bien mauvaise balle) équivalant à « vous me prenez pour une dupe ».
Bâiller, du latin *batare* : « ouvrir la bouche », désigne la satisfaction de l'irrépressible envie d'écarter toutes grandes les mâchoires en inspirant profondément, afin de manifester de façon plus ou moins volontaire la fatigue ou l'ennui...
Bayer vient aussi du latin *batare* : « ouvrir la bouche ». Il a d'abord signifié « convoiter », puis « demeurer figé, en rêvant bouche ouverte ». On le rencontre dans cette expres-

sion : *bayer aux corneilles* désignant l'expression béate de celui qui, immobile, fixe on ne sait trop quoi en l'air.

Balade, ballade

Une *balade* est une promenade.

Une *ballade* est une forme fixe en poésie, c'est par extension une chanson.

Banal

Au sens propre, le masculin pluriel est *banaux*.

Au sens figuré le masculin pluriel est *banals*.

Les fours banaux du Moyen Âge permettaient de cuire un excellent pain bio.

Les propos banals de ce conférencier me font bâiller.

Bat-flanc

Le premier terme de ce mot composé désignant la pièce de bois qui sépare les chevaux dans une écurie, ou bien la cloison dans un dortoir, vient du verbe *battre*. Le *bat-flanc* est donc ce qui, sans le battre forcément, est en contact avec le flanc. On écrit au pluriel : *des bat-flanc*.

Battre son plein

Une curieuse interprétation de cette expression a conduit certains à affirmer qu'on ne devait pas mettre au pluriel *son plein*, car, d'après eux, il s'agit d'un « son plein », d'un volume sonore maximum ; ils pensent ainsi qu'il faut dire : *Les fêtes battent son plein.* Or dans *battre son plein*, *son* n'est pas un nom commun mais un adjectif possessif, *plein* étant un nom commun, et l'expression signifie, pour la marée, « avoir atteint son maximum, sa plus grande hauteur », c'est-à-dire « avoir atteint son plein ». *Plein* étant un nom commun, il est donc logique de dire ou d'écrire, par métaphore : *Les fêtes battent leur plein.*

Béni, bénit

Le verbe *bénir* conjugué avec l'auxiliaire *avoir* ne prend pas de *t* au participe passé : *Le pasteur a béni les alliances.* Pas de *t* non plus lorsque, conjugué avec l'auxiliaire *être*, *béni* est employé au sens large : *Ces instants sont bénis.* Lorsqu'il s'agit d'objet, on écrit *bénit* : *Ces médailles et ces chapelets sont bénits. L'eau bénite, le pain bénit et les rameaux bénits sont sortis pour la cérémonie.*

Benzène

Le *benzène* est un hydrocarbure aromatique qui entre dans la composition de carburants et de combustibles. Il ne faut pas le confondre avec Bunsen, le chimiste allemand qui a inventé le brûleur à gaz portant son nom : *le bec bunsen*.

Bonhomme

On écrit un *bonhomme*, mais la *bonhomie*.

Bourg-en-Bresse

Cette charmante ville du département de l'Ain, célèbre pour sa collégiale, ne se prononce pas « Bourre-en-Bresse », mais « Bourk-en-Bresse ».

Bruxelles

Le *x* de *Bruxelles* se prononce « ss ». On parle donc de la ville de « Bru-ss-elles », des choux de « Bru-ss-elles » (et non de « Bru-ks-elles »).

Ça, çà

Ça signifiant « cela » ne prend pas d'accent grave (*cela* non plus).

Çà avec un accent grave est très peu employé aujourd'hui. Il signifie « ici ». On le rencontre aussi dans l'expression *çà et là*.

Hésiteriez-vous pour ça ?

Venez çà, que je vous parle !

Cahot, chaos

Un *cahot* est un rebond que fait une voiture sur une route au revêtement inégal. L'adjectif dérivé est *cahoteux*.

Un *chaos* est une confusion indescriptible. L'adjectif dérivé est *chaotique*.

La route est cahoteuse.

La situation est chaotique.

Carpentras

On prononce « Car-pen-tra », sans faire entendre le *s* à la fin.

Cassis

La lettre *s* doit être prononcée lorsqu'il s'agit de la baie noire et comestible qui sert à faire de la gelée ou du sirop. Elle est muette dans la ville de Cassis qu'on prononce « Ca-ssi ».

Cauchemar

Un *cauchemar* ne prend pas de *d*, mais l'adjectif dérivé est *cauchemardesque*.

Cédille

On met une cédille sous le *c* pour obtenir le son « s » devant *a, o, u.*

Les commerçants que vous avez aperçus et que nous apercevons vendent ici des caleçons pour garçons.

Cela dit

Ceci annonce ce qui va être dit.
Cela fait référence à ce qui vient d'être dit.
On doit donc employer *cela dit* (et non *ceci dit*).
Cet homme est compétent. Cela dit, il n'est pas sans défauts.

Celui-ci, celui-là

Dans une phrase où l'on vient de citer deux éléments, *celui-ci* renvoie à celui qui le précède immédiatement, *celui-là* fait référence à l'autre, plus éloigné.
J'achète une voiture et une peau de chamois. Je mettrai celle-ci dans mon sac et celle-là dans mon garage.

Cent, vingt

Pour être efficace dans le domaine des liaisons avec *cent* et *vingt*, il faut connaître parfaitement la règle d'accord de l'un et de l'autre (voir « Comment accorder », p. 141).
Si *cent* n'est pas multiplié et s'il n'y a pas de **h** aspiré au début du mot qui suit, on fait la liaison en utilisant le *t* afin d'éviter l'hiatus.
Si *cent* est multiplié et non suivi d'un autre adjectif numéral, on utilise le **s** pour faire la liaison.
Même règle pour vingt.
« Cent-**t**-élèves, cent-**t**-habitants, vingt-**t**-arbres, vingt-**t**-individus. »

« Deux cents-z-élèves, deux cents-z-habitants, quatre-vingts-z-arbres, quatre-vingts-z-individus. »
« Cent (pas de liaison) haricots. »

C'est-à-dire

Deux traits d'union…

Chair, chère

Ce n'est pas parce que *chair* est synonyme de *viande* qu'il faut écrire *faire bonne chair* quand on a fait un bon repas. En effet, cela ne signifie pas que l'on a dégusté de bons plats, mais qu'on a fait bonne « tête », bon visage (*chère* vient ici du bas latin *cara* – dérivé du grec – devenu *chière* en ancien français : « visage »), bref, qu'on a eu l'air enchanté de recevoir ou d'être reçu. On écrit donc : *faire bonne chère.*

Chaland

Si ce n'est un bateau, le *chaland* est le client d'une boutique, d'un magasin. On dira donc d'un magasin qu'il est bien *achalandé* s'il reçoit la visite de nombreux clients.

Chamonix

On dit « Cha-mo-ni », la lettre *x* devenant un petit flocon qui doucement tombe, en silence.

Chateaubriand, Châteaubriant

Chateaubriand, c'est l'écrivain (1768-1848), grand nom de la littérature qu'il faut prononcer élégamment avec un **a** léger et très ouvert, l'ensemble devant être distingué… (attention au *d* final).

Châteaubriant, c'est la petite ville des Marches de Bretagne, où l'on fabrique des charrues. Dans ce cas, on doit faire entendre l'accent circonflexe du **â**, et fermer avec application le son **ô** (« Châtô… »), afin de donner à cette localité toute son authenticité rurale (attention au *t* final).

Ce terme désigne aussi une épaisse tranche de filet de bœuf grillé ou poêlé. Les deux orthographes peuvent être utilisées. On peut suggérer cependant que si cette spécialité a permis aux convives de faire bonne chère (c'est-à-dire d'afficher un air réjoui tout au long du repas), on utilise le nom de la ville aux charrues où il fait bon vivre. Sinon, le patronyme de l'écrivain – la lecture de son œuvre majeure, *Mémoires d'outre-tombe*, n'ayant jamais fait sourire personne – conviendra parfaitement.

Ci-joint, ci-inclus

Ci-joint et *ci-inclus* sont adverbes, donc invariables, lorsque le nom qu'ils précèdent n'est pas lui-même précédé d'un article : *Vous trouverez ci-joint copie de l'article vous concernant.* Placés en tête de phrase, ils sont également invariables : *Ci-inclus une carte d'identité à votre nom. Ci-joint les photos du site.*

Ci-joint et *ci-inclus* varient s'ils sont employés comme adjectifs qualificatifs : *La carte ci-jointe vous indiquera le chemin à suivre* ; ils varient aussi si le nom qu'ils qualifient est précédé d'un déterminant (article ou adjectif) : *Vous trouverez ci-incluse la photocopie de votre passeport. Vous trouverez ci-jointes nos photos de la cérémonie.*

Clemenceau

Bien que la prononciation du patronyme du Tigre soit « Clé-menceau », on ne met pas d'accent aigu sur le premier *e*, et on écrit donc : *Georges Clemenceau.*

Commémorer

On commémore un événement, la disparition d'un écrivain, d'un peintre, on se remet en mémoire les faits du passé, les dates importantes. On célèbre l'anniversaire d'une naissance. Dire qu'on *commémore un souvenir* est un pléonasme : *commémorer* et *se souvenir*, c'est la même démarche.

Compte rendu

Pas de trait d'union dans *compte rendu*, qui fait au pluriel des *comptes rendus.*

Conséquent

Ce terme signifie « logique dans sa conduite ». À tort, on

lui donne le sens de « important », « considérable ».
Cet avare conséquent ne donne jamais un sou de sa fortune considérable.

Consonnes doubles

Les consonnes doubles, dans la plupart des mots qui en comportent (sauf celles situées dans leur deuxième partie), doivent être lues ; on doit sentir une insistance légère mais nettement audible afin d'éviter tout doute orthographique et toute hésitation de sens.
D'innombrables réfugiés ont fui les inondations.

Pour certains verbes, on doit faire sentir la consonne double au futur ou au conditionnel, car il y a un risque de confusion avec l'imparfait :
Hier, je parcourais la ville. Je la parcourrais encore si je ne t'avais retrouvée.

Côte, cote, cotte

Une *côte* difficile à grimper, une *côte* pleine de récifs, une *côte* de porc se prononcent avec un **ô** fermé, comme dans *hôte*. Une *cote* en dessin industriel, une *cote* de tableau de maître, la *cote* du président de la République, tout cela se prononce avec un **o** ouvert comme dans *cocotte*.
La *cotte* de mailles ou la *cotte* du travailleur (salopette) sui-

vent la prononciation de la deuxième partie de *cocotte*.
Le *cotte* est un poisson à large bouche, à grosse tête, et qui vit dans les eaux douces. On l'appelle aussi le chabot.

Côtes

Lorsque le mot caractéristique accompagne le nom *côte*, les deux termes prennent une majuscule :
La Côte d'Opale (de la baie de Somme à Dunkerque) ; *la Côte d'Albâtre* (du Havre au Tréport) ; *la Côte d'Émeraude* (Dinard, Saint-Malo) ; *la Côte d'Amour* (région de La Baule) ; *la Côte d'Argent* (de l'embouchure de la Gironde à celle de la Bidassoa) ; *la Côte d'Or* (ligne de hauteurs qui domine la plaine de la Saône ; mais on écrit *le département de la Côte-d'Or).*

Coupe sombre

Si on veut exprimer une suppression massive, c'est *coupe claire* qu'on doit employer. Une *coupe sombre*, en forêt, est un léger éclaircissage.
Le ministre va effectuer des coupes claires chez les fonctionnaires.

Courbatu, courbaturé

Il y a longtemps, lorsqu'un cavalier était pressé, il utilisait pour accélérateur la cravache, ce qui avait pour effet d'endolorir le pauvre cheval fourbu à l'arrivée, battu de court, ou *courbatu*. L'adjectif a qualifié chez l'humain un état de fatigue accompagné de douleurs musculaires, les *courbatures.* Puis est né, au XIXe siècle, le verbe *courbaturer*. On peut donc dire, lorsqu'on a abusé de quelque sport que ce soit : *Je suis tout courbatu* ou bien *Je suis tout courbaturé*, la première formule étant la plus correcte (l'Académie n'a accepté *courbaturé* que récemment).

Cuisseau, cuissot

Le *cuisseau* est une partie du veau située en haut de la cuisse. Le **cuissot**, c'est la cuisse d'un gros gibier : *un cuissot de cerf, un cuissot de sanglier.*

Dahlia

C'est en l'honneur du botaniste suédois Dahl que la fleur (originaire du Mexique) fut nommée ainsi. On met donc le *h* avant le *l* : *dahlia.* Un magnifique bloc-feuillet de timbres de collection représentant cette fleur, émis par La Poste en 1994, portait hélas l'orthographe *dalhias...*

Davantage, d'avantage

Davantage en un mot peut être remplacé par *plus, encore plus* : *Si vous voulez que je produise davantage, il me faut davantage de temps.* À *d'avantage* en deux mots, on peut substituer *d'intérêt, de gain, de profit* : *Je ne retire pas d'avantage de cette opération* ; *pas d'* peut aussi être remplacé par *aucun.*

Débuter

Le verbe *débuter* est intransitif, c'est-à-dire qu'on ne peut le faire suivre d'un complément d'objet direct. On ne dira donc pas : *Un lâcher de ballons a débuté la fête* ; mais : *La fête a débuté par un lâcher de ballons.*

Décade

Une *décade* dure dix jours (calendrier républicain), une *décennie* dure dix ans.

De concert

De concert définit une entente entre personnes. Ne pas confondre avec *de conserve* qui signifie « ensemble, conjointement ».

Ils ont agi de concert.

Ils vont de conserve au spectacle.

Décrépi

Un mur est décrépi (sens propre). Un vieillard est décrépit (sens figuré). Une vieille femme est décrépite. Un chêne décrépit (extension de sens).

Des femmes ridées, fatiguées, décrépites.

De façon que

Incorrect et lourd, le *de façon à ce que* qui se substitue parfois à *de façon que* est à éviter.

Toutes les mesures ont été prises de façon que (et non de façon à ce que) les victimes soient indemnisées.

Dégingandé

Dégingandé (dont la démarche est comme disloquée) se prononce « dé-jin-gandé » (« jin » comme dans *geindre*).

Délice

Au singulier, *délice* est masculin ; au pluriel, ce terme est féminin (sauf dans *un de mes grands délices*).

Demeure

Dans la locution *il y a péril en la demeure*, le terme *demeure* ne désigne pas la « maison », mais vient de l'ancien français *demuere*, lui-même issu du latin *demorari*, et signifie « attente ». Il faut donc comprendre : « Il y a péril en l'attente », autrement dit : « Il est dangereux de rester immobile, sans agir », et non « Il est dangereux de rester dans la maison »...

Demi

Devant un nom, *demi* est invariable et relié à celui-ci par un trait d'union (de même que *mi, nu* et *semi*).
Après le nom, *demi* s'accorde (*mi, nu,* et *semi* aussi).
Une demi-heure.
Trois heures et demie. Il est arrivé nu-pieds.

Démystifier, démythifier

Mystifier quelqu'un, c'est le tromper. Le *démystifier*, c'est faire l'opération inverse. C'est aussi dissiper le mystère qui plane autour de quelqu'un ou de quelque chose.

Mythifier un homme, une idée, c'est leur ajouter un caractère de légende, les transformer en mythes. *Démythifier*, c'est ôter l'extraordinaire du personnage ou de l'idée pour retrouver leur réalité ordinaire.

Les enquêteurs ont démystifié les victimes de l'escroc.

La police a démystifié la pluie de records sportifs de la saison dernière en confirmant les rumeurs de dopage.

Les récentes révélations sur la vie privée de cet écrivain n'ont pu démythifier son œuvre.

Ce biographe démythifie Napoléon en ne montrant que ses petitesses.

Dépens

Agir aux dépens (sans *d* final) de quelqu'un, c'est faire en sorte que ce soit lui qui dépense l'énergie ou l'argent pour votre profit. Devoir régler les frais de procédure, c'est être condamné aux dépens. Le verbe *dépendre* se termine par *ds* aux deux premières personnes du singulier du présent de l'indicatif : *Financièrement, je dépends de toi, mais toi, tu ne dépends pas de moi.*

Depuis

Dans ses emplois spatiaux (c'est-à-dire ceux qui désignent des points de l'espace dans lequel on vit), *depuis* gagne souvent à être remplacé par *de*, moins lourd : *Je t'appelle de ma voiture* (et non *depuis ma voiture*).

Derechef

Signifie « de nouveau », et non « sur-le-champ ».
Ayant raté son coup, il essaya derechef.

Desiderata

Ce mot – qui est synonyme de *désirs*, de *souhaits* – est un pluriel latin, il s'écrit sans *s* final – et sans accents. Le singulier *desideratum* est rarement employé.

Détritus

On prononce « détritu-ss » au singulier et au pluriel. *Détritus* vient du participe passé latin *detritus* qui signifie « broyé, usé, écrasé ».

Dilemme

Le *dilemme* (qu'on écrit avec deux *m*) est un choix impératif entre deux propositions conduisant l'une et l'autre à de graves conséquences :
Ou bien Rodrigue tue le comte, père de Chimène, et il perd

Chimène, ou bien il se suicide et… il perd Chimène. C'est un dilemme ! (Dilemme cornélien ici, puisque cette situation se trouve dans *Le Cid*, pièce de Corneille.)

Dîner

Dîner prend un accent circonflexe sur le *i* et seulement un *n*. Il ne faut pas le confondre avec le *dinner* anglais (deux *n* et pas d'accent).

Dire

On écrit *au dire de…* et non *aux dires de…*

Dont

Avoir besoin de quelque chose, de quelqu'un comporte une construction indirecte (présence de la préposition *de*). On doit donc dire : *Prenez ce dont vous avez besoin* (le pronom relatif *dont* contient le *de* de la construction indirecte), et non : *Prenez ce que vous avez besoin*, qui a tendance à se répandre.
On applique la même règle pour *avoir envie de* : *Dites-nous ce dont vous avez envie.*

Dû, due, dus, dues, du

Le participe passé du verbe *devoir* prend un accent circonflexe sur le *u* seulement s'il ne porte pas de marque d'accord :
Le total ***dû*** *s'élève à* 2,98 €. *Ne possédant pas cette somme, elle*

a ***dû*** *me l'emprunter. Maintenant, elle sait que cette somme m'est* ***due****, que ces euros me sont* ***dus****. Si elle ne parvient pas à rassembler ces pièces de monnaie qui me sont* ***dues****, je lui demanderai de me payer en nature en me donnant* ***du*** *pain,* ***du*** *vin, et* ***du*** *marcassin.*

Du placé devant *pain, vin* et *marcassin* est un article partitif, il ne prend pas d'accent. *Du* peut aussi être article défini contracté – également écrit sans accent– : *Mme Laie va nous parler du marcassin* (*du* est mis pour *de le*, c'est un article défini contracté avec la préposition *de*).

S'égayer, s'égailler

S'égayer, « s'ég - ai (è) - ier », c'est se rendre gai (cela rimerait avec *payer*) :

L'assemblée s'égaye (ou *s'égaie*), *rit de bon cœur en écoutant le sketch de Popeck.*

S'égailler, « s'ég - a (a) - iller », c'est s'éparpiller, se disperser, se débander (même sonorité que *empailler*) :

Après le spectacle de Popeck, l'assemblée réjouie s'égaille (qui rime avec *paille*), *se répand, se disperse dans la ville.*

Embonpoint

Devant les lettres *m, b, p,* on écrit *m* et non *n* : *emmêler, emblavure, pompon* (de même : *François Pompon*, sculpteur français, 1855-1933), etc., sauf *bonbon, bonbonne, bonbon-*

nière, embonpoint, néanmoins.

Émigrant

Un Français qui s'installe au Québec est un *émigrant* pour ceux qu'il quitte, et un *immigrant* pour ceux qui l'accueillent.

S'ensuivre

Au passé composé de ce verbe, on trouve de plus en plus souvent l'auxiliaire *être* entre le préfixe (alors détaché) et le reste du verbe : *Il s'en est suivi que…* alors que la conjugaison correcte est : *Il s'est ensuivi que…* (pour quelle raison détacher le préfixe ?).

Enivrer

Enivrer se prononce « **an**-ni-vrer », et non « é-ni-vrer » (même règle pour le début d'*enivrant* et d'*enivrement*).

Entrain

L'*entrain* en un seul mot, c'est l'ardeur, l'énergie. Dans la locution verbale *être en train de*, *en* et *train* sont séparés.

Éphélides

On appelle *éphélides* les taches de rousseur ou de son qui ajoutent au charme des blondes, des blonds, des rousses, des roux, et finalement de qui que ce soit…

Espèce

On dit *une espèce de…* car *espèce* est du féminin (et non *un espèce de…*).

Une espèce de cuisinier avait massacré l'entrecôte.

Étant donné

Placé avant le nom auquel il se rapporte, *étant donné* demeure invariable : *Étant donné ces éléments nouveaux… Étant donné les trois solutions proposées…* Placée après le nom, cette expression s'accorde : *Ces solutions étant données… (Non) compris, excepté, mis à part, passé* suivent la même règle : *Cette location, non compris les charges… Cette location, les charges comprises… Excepté les vestes et les pantalons gris, tout doit être proposé aux clients. Les vestes et les pantalons gris exceptés, tout a été rangé.*

… et autres

Cette locution n'annonce pas le dernier terme d'une énumération, mais la catégorie dans laquelle se classe tout ce que l'on vient d'énumérer :

Les carottes, poireaux, choux et autres légumes.

Les écrivains, peintres, sculpteurs et autres artistes.

Les Citroën, Renault, Peugeot et autres voitures (et non *les Citroën, Renault et autres Peugeot*).

Etc.

Etc. est l'abréviation de la locution latine *et cetera* signifiant « et tout le reste ». On doit donc bien prononcer « **èt**cétéra », et non comme on peut l'entendre « **èqu**cétéra ».

Été indien

L'été indien (aux États-Unis et au Canada, on dit « l'été des Indiens ») est une courte période de 4 ou 5 jours de réchauffement thermique (24-28 degrés) après une période de décroissance thermique continue jusqu'à 16-18 degrés (les Indiens en profitaient alors pour faire leurs dernières chasses). Il se situe à des moments différents d'une année à l'autre et d'un endroit à l'autre. Il est carrément absent certaines années. Cet *été indien* est la dernière bouffée de chaleur avant l'hiver. Il ne faut pas le confondre avec les chaleurs de fin d'été, ce qu'on appelle l'arrière-saison. Cependant, il peut coïncider avec l'été de la Saint-Martin, ultimes belles journées aux environs du 11 novembre (jour de la Saint-Martin).

Étymologie

Étymologie (étude de l'origine des mots) ne prend pas de *h* entre le *t* et le *y*…

Euro et cent

Au pluriel, *euro* et *cent* sont soumis aux règles de la grammaire française : s'ils varient en nombre, ils prennent un *s*. On écrit donc : *un euro, cent euros, des euros* ; *un cent, cent cents, des cents* (ou *centimes*).

Cependant, sur les billets de banque le mot EURO, et sur les pièces le mot EUROCENT, sont toujours écrits en capitales et sans le s du pluriel, car ces billets et ces pièces circulent dans les pays de la zone euro où la règle d'accord du pluriel n'est pas forcément la même que la règle française.

Euro et liaison

À l'oral, les francs se moquaient de l'accord des adjectifs numéraux cardinaux. On pouvait dire en effet « quatre-vingts francs » sans se demander s'il fallait mettre un *s* ou non à *vingt*, la liaison avec *francs* n'étant pas possible. Avec l'*euro* qui commence par une voyelle, tout change et il faut d'urgence réviser les règles concernant *vingt* et *cent* qui varient au pluriel s'ils ne sont suivis d'aucun adjectif numéral cardinal. Entre *quatre-vingts* et *euros*, on doit entendre le son « z » de la liaison : « quatre-vingts-z-euros ». De même, on dira « deux cents-z-euros ».

Si *vingt* ou *cent* ne sont pas multipliés, il est préférable de faire la liaison avec le *t* plutôt que de n'en pas faire du tout et de produire ainsi un hiatus désagréable : « vingt-t-euros » est plus facile à dire que « vingt (absence de liaison) euros ». Attention, on ne dit jamais « vingt-z-euros ». La règle est la même avec cent : « deux cents-z-euros », mais « cent-t-euros » (et non le tentant « cent-z-euros »). La liaison doit être faite avec les autres consonnes terminant les adjectifs numéraux cardinaux : « un-n-euro », « deux-z-euros », « vingt-deux-z-euros », etc.

Extrême

Le nom *extrême* étant du genre masculin, on passe *d'un extrême à l'autre.*

Extrêmement, excessivement

Le premier adverbe indique le degré le plus intense. Le second doit être employé seulement lorsqu'il y a dépassement de ce degré, lorsqu'il y a excès.

Il fait extrêmement beau aujourd'hui ; hier, il faisait excessivement chaud.

Fabricant

Un *fabricant* est celui qui fabrique des produits divers, destinés à la vente ; *fabriquant* est le participe présent du verbe *fabriquer.*

En fabriquant plus rapidement ses objets, le fabricant s'est enrichi.

Faîte

Le *faîte* (le sommet) et ses dérivés prennent un accent circonflexe sur le *i.* La conjugaison au présent *vous faites* ou à l'impératif *faites ceci* n'en prend pas.

Faute

On peut dire *c'est ta faute* ou bien *c'est de ta faute*, quoique l'Académie recommande la première formule, sans la préposition.

Final

Il n'est guère finaud de donner à l'adjectif *final* le masculin pluriel *finaux*, car ce masculin pluriel est tout simplement *finals*. *Nous attendons les résultats finals.*

For intérieur

Dans l'expression *for intérieur*, le premier mot, étant l'abréviation de *forum* (« tribunal » en latin), s'écrit *for* (et non *fort*). *For intérieur* signifie donc « tribunal intérieur », siège de la conscience qui élabore ses jugements : *Dans mon for intérieur, je savais que j'avais tort.* Il ne faut pas confondre *for* et *fors* qui signifie « excepté » : *Tout est perdu, fors l'honneur*, dit François 1er, au soir de la bataille de Pavie où il fut fait prisonnier, en 1525, par les troupes de Charles-Quint.

Forsythia

On doit l'orthographe de cet arbrisseau décoratif, à fleurs jaunes très précoces, à l'horticulteur écossais Forsyth (1737-1804). On prononce « for-si-sia ».

Fréquences

Quotidien : chaque jour. *Bihebdomadaire* : deux fois par semaine. *Hebdomadaire* : chaque semaine. *Bimensuel* : deux fois par mois. *Mensuel* : chaque mois. *Bimestriel* : tous les deux mois. *Trimestriel* : tous les trois mois. *Semestriel* : tous les six mois, ou d'une durée de six mois. *Annuel* : chaque année, ou d'une durée d'un an. *Bisannuel* : tous les deux ans. *Biennal* : tous les deux ans, ou d'une durée de deux ans. *Triennal* : trois ans. *Quadriennal* : quatre ans. *Quinquennal* : cinq ans. *Décennal* : dix ans.

Fruste

C'est l'état de ce qui a été frotté, et dont le relief a presque disparu. Cela ne peut donc qualifier un personnage grossier. Il faut employer *rustre* pour désigner l'inculte et le rude, et se garder d'utiliser le barbarisme *frustre*, hybride de *fruste, rude,* et *rustre.*

Gâchette

Ce n'est pas la *gâchette* que presse le tireur lorsqu'il utilise un fusil ou un pistolet, mais la *détente.* La gâchette maintient le chien armé et, en général, n'est pas visible.

Gageure

La *gageure* est un pari un peu fou. On prononce « ga-jure » et non « ga-jeure ».

Même règle pour *mangeure* (endroit mangé d'un pain, d'un tissu) ou *vergeure* (terme technique dans la fabrication du papier).

Gaufre

Au sucre, à la confiture, à la crème Chantilly (ou à la chantilly), la gaufre ne prend qu'un *f*, de même que *gaufrette, gaufrier.*

Geai, jais

Le *geai* est un bel oiseau au plumage brun clair, tacheté de bleu, de blanc et de noir.

Le *jais* est une variété de lignite d'un noir brillant. *Noir de jais* signifie donc que ce dont on parle est noir brillant comme le jais (et non comme le geai qui ne l'est guère).

Ses cheveux étaient de jais.

Gent

Le nom commun *gent* (que l'on prononce « Jean » comme le prénom) est féminin et désigne une race, une classe, une catégorie, une nation… Ainsi, *la gent féline* désigne les chats, les tigres et autres félins. La Fontaine, dans *Le Chat et un vieux Rat,* utilise la périphrase *la gent trotte-menu* lorsqu'il parle des souris. Certains confondent le nom *gent* et l'adjectif *gent,* terme d'ancien français équivalant à *noble, courtois, bien né.* Ainsi, on parlait d'un *gent* damoiseau, ou d'une *gente* dame. Cette confusion entre *la gent* (« Jean ») et l'adjectif féminin *gente* (qui se prononce comme une « jante ») produit l'expression fautive *la gente féminine* (« jante » féminine, cela fait un peu « pneu » !). On doit dire la *gent féminine*, même si on sait qu'elle est composée de *gentes* dames et demoiselles…

Géographie et majuscules

En géographie, l'adjectif prend une majuscule lorsqu'il est lié au nom qu'il qualifie par un trait d'union : *les États-Unis d'Amérique ; les États-Unis du Mexique ; le Royaume-Uni ; les Pays-Bas ; les Provinces-Unies ; le massif du Mont-Blanc* (*Mont-Blanc* est le nom donné au massif dont le mont Blanc fait partie) ; *les îles du Cap-Vert ; les îles Anglo-Normandes.*

Si l'adjectif est l'élément qui caractérise l'ensemble, il prend une majuscule, le nom n'en prenant pas : la *mer Rouge* (la caractéristique de cette mer, parmi toutes les mers, est cette dénomination : *Rouge*) ; *la mer Noire ; la mer Morte ; le lac Majeur ; le golfe Persique ; l'océan Pacifique ; le cap Vert ; le mont Blanc* (4808 mètres, point culminant du massif du Mont-Blanc) ; *les montagnes Rocheuses ; le bassin Parisien ; le pôle Nord, le pôle Sud ; l'hémisphère Nord, l'hémisphère Sud* (*Le Petit Robert* 2009 : *hémisphère nord*, p. 1225 ; *hémisphère Nord*, p. 1703).

L'adjectif qui précise la partie du nom propre concernée ne

prend pas de majuscule : *l'Afrique noire ; l'Asie centrale ; l'Europe centrale ; la haute Égypte ; la basse Seine ; le haut Poitou ; la basse Bretagne* (mais si on considère leur entité historique, on peut écrire *le Haut-Poitou, la Basse-Bretagne*) ; *l'Amérique centrale* (mais on trouve aussi *l'Amérique Centrale*).

Glaciaire

Glaciaire, adjectif désignant une période géologique, ne doit pas être confondu avec *glacière*, le nom de la volumineuse boîte aux couleurs vives où le campeur conserve dans la glace sa nourriture.

Glu

La *glu* est une sorte de colle, et ne prend pas de *e* final.

Grand

Lorsqu'il est suivi d'un nom féminin pluriel, l'adjectif *grand* peut être accordé ou rester au singulier : *des grand(s)-mères, des grand(s)-tantes, des grand(s)-routes.* On écrit *des grands-pères, des grands-parents* (toujours au pluriel), *des grands-ducs.* Arrière, dans les noms composés, est toujours invariable, et toujours suivi d'un trait d'union : *des arrière-grands-pères.*

H aspiré

Dans le dictionnaire, un petit signe – un astérisque par exem-

ple – est placé avant ou après le mot (ou avant son écriture phonétique) dont le **h** est aspiré. Cela signifie qu'il ne faut en aucun cas faire la liaison ou élider.
Exemple : « les handicapés » (et non « les-z-handicapés », le *h* de *handicapés* étant aspiré).
On ne tient pas compte du **h** muet dans la prononciation.
Exemple : « deux cents-z-hélicoptères » ; « quatre-vingts-z-habitants » (et non « quatre-vingts [sans liaison] habitants », le *h* de *habitants* étant muet).

Haler, hâler

Haler, c'est tirer avec un cordage (*haler une péniche sur le chemin de halage*).
Hâler, c'est bronzer au soleil.

Hiberner, hiverner

La marmotte *hiberne*, engourdie pendant les mois les plus froids.
Hiverner, c'est passer l'hiver au chaud, à l'abri des intempéries.

Hurler

Le *h* de *hurler* est aspiré, cela signifie qu'en aucun cas, on ne doit faire la liaison avec ce qui le précède. On doit donc dire, lorsqu'on a une raison suffisante pour le faire : « Je hurle » en détachant nettement le *je* de hurle, et non « J'hurle ». Même remarque pour *je hurlais, je hurlerai* (ne pas prononcer « j'hurlais », « j'hurlerai »), etc. Au pluriel, la liaison avec le *s* de *ils* ou de *elles* ne doit pas être faite : *elles hurlent* ne se prononce pas « elles-z-hurlent », mais « elles (absence de liaison) hurlent ».

Hymne

On dit *un hymne national*, mais *une hymne religieuse.*

Idéals, idéaux

Le mot *idéal* possède deux pluriels : *idéals* et *idéaux.* Le premier est utilisé dans la langue littéraire lorsque la perfection d'un objet ou d'un être est projetée dans l'absolu : *Les poétesses imaginent souvent des idéals masculins inexistants.* On emploie *idéaux* dans le vocabulaire des sciences et de la philosophie : *Les idéaux sociaux imaginés par les utopistes du XIXe siècle ne sont pas pour demain.*

Ignorer

Attention à la double négation. Deux négations équivalent à une affirmation. Ainsi, *vous n'êtes pas sans ignorer que…* signifie : « vous ignorez que… », alors que *vous n'êtes pas sans savoir que…* signifie « vous savez que… ».

Imbécile

… mais *imbécillité* (deux *l*), même si certains dictionnaires indiquent les deux orthographes *imbécilité* et *imbécillité*. Le mot *imbécilité* (avec un seul *l*) n'est qu'une proposition, parmi d'autres, du Conseil supérieur de la langue française pour une prétendue simplification de l'orthographe ; l'Académie française a bien précisé que ce serait l'usage qui déciderait, et dans l'immense majorité des cas, l'usage est très attaché à une orthographe unique (à quoi bon deux orthographes ?).

On écrit *charrette*, mais *chariot* ; *consonne* mais *consonance* ; *honneur* mais *honorer* ; *résonner* mais *résonance* ; *traditionnel* mais *traditionaliste* ; *trappe* mais *attraper*.

Parmi les rectifications proposées par le Conseil supérieur de la langue française en 1990, on trouve cette nouvelle orthographe pour le mot *chariot* : *charriot*, avec deux *r*. Diable ! Est-ce vraiment simplifier l'écriture d'un mot que de lui ajouter une lettre, que de l'inscrire dans la longue liste des mots à consonnes doubles ? La sagesse n'eût-elle point dû conduire à ôter un *r* à *charrette* et ses dérivés ? C'eût été plus simple, sans en avoir l'« r »…

Immanquable

La première syllabe de *immanquable* et *immanquablement* se prononce **in** (comme dans *vin*) et non « imm… » (comme dans *immunité*).

Immoral, amoral

Agir contre la morale tout en la connaissant, c'est être *immoral*.
Agir contre la morale en n'en ayant aucune notion, ou en y étant indifférent, c'est être *amoral*.

Impôts

Chaque année, ce n'est pas une *déclaration d'impôts* qu'on doit faire, mais une *déclaration de revenus*. On déclare ses *revenus*, et non ses *impôts*.

Intérêt

Intérêt ne prend qu'un *r*, de même que *intéressant, intéresser, intéressement* et autres dérivés.

Jadis et naguère

Jadis signifie « il y a beaucoup de jours », et renvoie loin dans le temps.
Naguère fait référence à un passé proche, c'est la contraction de « il n'y a guère ».

Juin

On prononce « ju-in », et non « jouin » qui est patoisant et ambigu.
Il a montré son savoir-faire en juin.

Lequel

Il faut avoir en tête le terme qu'on vient de prononcer (l'antécédent) afin d'accorder correctement *lequel*, trop souvent employé tel quel dans tous les contextes. *Lequel* s'accorde avec cet antécédent, il en prend la marque du genre et du nombre. *C'est une affaire importante pour laquelle une enquête est menée.*

Lice

Au Moyen Âge les chevaliers entraient en *lice*, c'est-à-dire dans le champ clos où les tournois avaient lieu. Le mot *lice* a désigné ensuite la clôture entourant un champ de foire ou de courses. Aujourd'hui, lorsque des candidats à quelque poste que ce soit se lancent dans une bataille métaphorique comparable à un tournoi (parfois moyenâgeux), on dit qu'ils sont *en lice*, et non *en liste* (ce qui ne les empêche pas d'appartenir à une liste).

Linguiste

On prononce « lin - gu (comme *aigu*) - iste » et « lin-guistique), et non « lin-gouiste » ou « lingoustique ».

Marocain, maroquin

Marocain est le qualificatif dérivé de *Maroc*.

Le *maroquin* est un cuir de chèvre tanné. Par synecdoque, un *maroquin* désigne aussi un portefeuille ministériel.

Mari, marri

Un *mari* est l'homme que choisit une femme, en principe pour la vie. Mais, s'il est abandonné par ladite femme, le mari devient *marri*, c'est-à-dire « contrarié, désolé, attristé », et même « affligé », en principe…

Martyr, martyre

Le *martyr* est le supplicié.
Le *martyre* est le supplice.

Médias

Il y eut d'abord *mass media*, composé franco-latin qui, employé d'abord dans la langue anglaise, signifiait « moyens de communication de masse ». Puis, lorsque l'expression s'est installée en France, on n'a pas tardé à l'amputer de mass, pour ne conserver que *media*, pluriel sans accent. Un peu plus tard, on a vu apparaître les *médias*, avec accent et marque du pluriel. Enfin, malgré les latinistes puristes qui eussent préféré qu'on écrivît et qu'on dît *un medium,* et même qu'on le prononçât à la latine : « médioum » (singulier du pluriel latin *media*), le *média* s'est installé dans le langage, pour désigner n'importe quel moyen de communication.

Mille

L'adjectif numéral cardinal *mille* (1000) est invariable.

L'unité de mesure *un mille* (1852 mètres pour le mille marin, autrement appelé le *mille nautique* ou le *nautique* ; 1481,5 mètres pour l'antique *mille romain* de mille pas) est un nom commun et s'accorde.
Le *mile anglais* (1609 mètres ; prononcer : « ma-ï-l », comme dans *aïe* !) prend un *s* au pluriel. Au Québec (mais seulement là-bas), on peut écrire *mille anglais* pour *mile anglais.*

Trois mille (3000) *personnes sont venues.*
Le bateau est à trois milles (trois fois 1852 mètres) *de la côte.*
L'athlète John Peter William Smith a couvert trois miles (trois fois 1609 mètres) *en un temps record.*

Ministre et majuscule

Les fonctions occupées par les serviteurs de l'État doivent être écrites en minuscules ; seul le portefeuille est en majuscule pour un ministre :
Le ministre des Finances, le ministre de l'Intérieur, le ministre de l'Éducation nationale.

Le chef du gouvernement est *le Premier ministre.* Le chef de l'État est *le président de la République.* Le représentant de l'État dans les départements est *le préfet* – mais si vous lui envoyez une lettre, montrez-vous déférent : *Monsieur le Préfet,...*

Moelle

Le nom *moelle* doit être prononcé « moual » et non « mouèl » (même règle pour *moelleux, moellon*).

Mœurs

On peut prononcer « mœurs » en faisant entendre le *s* final (ce qui rapproche ce terme de son origine latine *mores* : *O tempora ! o mores !* disait Cicéron s'attristant des perversions de son époque). Cependant, en poésie, et dans la langue soutenue, c'est la prononciation « meur » qui l'emporte.

Moyen Âge

Le Moyen Âge couvre près de mille ans. Les historiens en ont fixé le début à l'année 476 lorsque le dernier empereur romain d'Occident, Romulus Augustulus, est privé de son pouvoir, et la fin en 1453, marquée par la chute de Constantinople aux mains des Ottomans et par la fin de la guerre de Cent Ans. *Moyen Âge* s'écrit sans trait d'union, et chacun des deux mots qui le composent prend une majuscule (avec un accent circonflexe sur le A).

Muses

Une *muse* sans majuscule est une inspiratrice en général. Une *Muse* avec majuscule fait partie des neuf filles de Mnémosyne, la déesse grecque de la mémoire.

Clio est la Muse de l'Histoire.
L'épouse de ce compositeur était aussi sa muse.

Notre, nôtre

Notre adjectif possessif doit être prononcé avec un **o** ouvert comme dans *porte* lorsqu'il détermine un nom :
Notre porte vous est ouverte.
Cet adjectif possessif peut prendre un accent circonflexe sur le *o* (prononciation **ô** fermé comme dans *apôtre*) lorsque, employé sans article, il joue le rôle d'adjectif qualificatif :
Nous avons fait nôtre cette opinion.
Le nôtre, pronom possessif, se prononce aussi avec un **ô** fermé :
Voici vos dossiers, voilà les nôtres.
Ces règles sont applicables aussi à *votre* et *vôtre.*
Ce qu'il faut éviter surtout, c'est la prononciation **ô** fermé pour notre ou votre devant un nom :
Nous avons trouvé votre (o de porte) dossier (et non « vôtre » dossier).

Ô, oh, ho

Ô, majuscule ou minuscule, avec un accent circonflexe, sert à traduire l'admiration, la ferveur, ou des sentiments de joie, de douleur, de crainte, de colère, etc. :
Ô rage, ô désespoir, ô vieillesse ennemie ! (Corneille)
Ô saisons, ô châteaux… (Rimbaud)

L'interjection *oh* marque la surprise, l'admiration, ou rend plus intense l'expression d'un sentiment :
Oh ! vous ici, déjà ! Oh là là, que cela sent bon ! Oh, quel festin vous m'avez préparé ! Oh, que j'aime la choucroute !
L'interjection *ho* sert à interpeller :
Ho ! vous, oui, vous ! Voulez-vous de la choucroute ?
Les petits Québécois connaissent bien le *Ho ho ho* de leur Père Noël ; par ce *ho* répété, il annonce sa venue. C'est aussi son code postal au pôle Nord…

Obnubiler

Curieusement, le verbe *obnubiler* se déforme parfois dans ses premières syllabes qui deviennent : *omni*, et dans ses dernières qui se transforment en *buller*, ce qui signifierait « buller partout », c'est-à-dire : ne rien faire. Quittons ce petit délire sémantique pour revenir au sérieux de l'étymologie : le verbe *obnubiler* vient de *ob* qui signifie « devant » en latin et de *nubes* désignant les « nuages ». Être *obnubilé* par quelque chose ou quelqu'un, c'est donc avoir l'esprit occupé jusqu'à l'obsession par une idée, un projet, comme si des nuées masquaient tout ce qui existe autour : le ciel, la lumière, les arbres, la forêt, les sources d'eau fraîche, les petits oiseaux…

Occurrence

Le mot occurrence prend deux *c* et deux *r.* Il ne faut pas le confondre avec *récurrence* ou *concurrence* qui ne prennent qu'un *c* (mais deux *r*).

Œuf, bœuf

Un *œuf*, des *œufs* (on prononce des « eu », une douzaine d'« eu » et non d'« euf »).

Un *bœuf*, des *bœufs* (on prononce des « beu », un troupeau de « beu » et non de « beuf »).

Œuvre

Une œuvre est la production d'un artiste, d'un écrivain.

Un œuvre est la totalité de la production d'un artiste utilisant une technique particulière (gravure, peinture, musique…).

Ce tableau est une œuvre de Rembrandt.

L'œuvre peint de Michel-Ange égale-t-il son œuvre sculpté ?

Opportunité

L'*opportunité* caractérise ce qui vient à propos, ce qui convient dans un cas précis. On parle ainsi de l'*opportunité d'une démarche*, de l'*opportunité d'un discours*. De plus en plus, le sens d'*opportunité* recouvre à tort celui d'occasion au point de le supplanter. Cela est dû au fait qu'en anglais *opportunity* signifie « occasion », la ressemblance avec *opportunité* est responsable de ce glissement de sens qu'il est préférable de ne pas suivre.

Le transport étant gratuit, j'ai profité de l'occasion (et non *de l'opportunité*) *qui m'était offerte.*

Orthodontiste

L'*orthodontiste* (du grec *odontos* : « dent »), spécialiste de l'orthodontie, corrige, s'il en est besoin, la position des dents. Ce n'est pas une raison pour le transformer en *orthodentiste*...

Osciller

Osciller se prononce « o-**si**-ler » (et non « osciller » qui rimerait avec *vriller*). Même prononciation pour *oscillation,* « o-**si**-lation », et autres dérivés.

-ote

Voici les mots les plus courants terminés par *ote* : *anecdote - antidote - azote - ballote - belote - bergamote - camelote - capote - compote - coyote - décote - despote - dévote - échalote - galiote - gargote - gnognote - homozygote - idiote - jugeote - lépiote - litote -matelote - monozygote - paillote - papillote - parlote - patriote - pelote - petiote - pilote - pleurote - popote - ravigote - redingote - ribote - rigolote - tremblote - vote.*

-otte

Voici les mots les plus courants terminés par *otte* : *biscotte - bougeotte - bouillotte - boulotte - cagnotte - calotte - cancoillotte*

- carotte - charlotte - chochotte - cocotte - culotte - gavotte - gélinotte - gibelotte - glotte - griotte - hotte - hulotte - linotte - lotte - marmotte - marotte - mascotte - menotte - motte - pâlotte - polyglotte - quenotte - roulotte - saperlotte - vieillotte.

-otter

Quelques verbes courants terminés par *otter* : *ballotter - boulotter - calotter - carotter - crotter - culotter- dégotter - frisotter - flotter - frotter - garrotter - grelotter - trotter* (la plupart des verbes en *ot(t)er* ne prennent qu'un seul *t*).

Ou, où

Ou s'écrit sans accent quand on peut le remplacer par *ou bien*, sinon, on l'écrit *où*.

Palier

Le *palier*, cette plate-forme entre deux escaliers, ne prend qu'un *l*, comme dans *plate-forme*...

Pallier

Le verbe *pallier* – deux *l* –, qui signifie « remédier à », est transitif direct, c'est-à-dire que le complément n'est pas précédé de la préposition à.

On dira donc *pallier quelque chose*, et non *pallier à quelque chose.*

Les subventions pallient la mauvaise récolte.

Paracentèse

Cette opération qui consiste à réaliser une ponction de liquide dans une partie du corps (paracentèse du tympan par exemple) ne s'écrit en aucun cas *parasynthèse* ; *paracentèse* vient du grec *parakentesis* signifiant « ponction ».

Le terme *parasynthèse* est réservé à la linguistique et désigne l'ajout d'un préfixe ou d'un suffixe à une base. *Immanquable* est issu d'une parasynthèse à partir de la base verbale *manquer.*

Par contre

Cette locution comporte presque autant de partisans que d'adversaires. Ceux-ci l'accusent de n'être qu'un mauvais mariage de deux prépositions donnant un couple balourd, inélégant qui blesse l'oreille et la vue ; ils militent pour l'emploi de *en revanche.* Ceux-là disent qu'il faut de tout pour faire un monde, que le couple *par contre* n'est pas si balourd que ça, et que l'utilisation de *en revanche* peut se révéler explosive.

Ainsi, André Gide (1869-1951) avance ce cas extrême : Trouveriez-vous décent qu'une femme vous dise : *« Mon frère et mon mari sont revenus saufs de la guerre, en revanche, j'y ai perdu mes deux fils » ?*

On peut lui objecter que, dans ce cas, l'emploi de *par contre* n'est guère plus heureux. C'est sa phrase qui sent le mauvais goût. Que faire alors ? Beaucoup d'auteurs, même les bons, ont employé *par contre,* beaucoup d'autres ne veulent pas en entendre parler. Finalement, vous êtes libre…

Passé

Considéré comme une préposition en tête de phrase, *passé* est invariable lorsqu'il est employé sans auxiliaire et immédiatement devant le nom qu'il qualifie : *Passé la trentaine, il est utile de réviser l'accord des participes passés.*

Pataquès

Le mot *pataquès* est né de l'expression : « Je ne sais pas-t-à qu'est-ce » où on remarque une liaison fautive. Un *pataquès* désigne donc une mauvaise liaison : « Les bons-z-hasards font les grands-z-héros. » Par extension, le *pataquès* désigne une faute de langage grossière, ou bien, au sens figuré, une situation qui manque de clarté, de logique. Toute autre utilisation de *pataquès* dans un autre sens demeure incertaine, voire fautive.

Pécuniaire

Cet adjectif qualifie ce qui a rapport à l'argent. Sa terminaison peut laisser croire que le masculin est *pécunier.* Il n'en est rien : au masculin, on doit dire aussi *pécuniaire.* *J'ai encore des ennuis pécuniaires.*

Pétiole

Cette partie de la feuille se prononce « pé-**siol** », et non « pé-tiol ».

Pied

Même si on a deux pieds, on va à pied, on se promène à pied, on fait de la course à pied, sur ses deux pieds… On met *pied à terre*, puis on se rend dans son *pied-à-terre*. Les *pied-à-terre* (sans *s* à pied) sont des demeures occasionnelles.

Pineau, pinot

Le *pineau* est un vin de liqueur qui est originaire des Charentes. Le *pinot* est un cépage français cultivé notamment en Bourgogne.

Plain

Plain a donné *plaine* et signifie « uni », « plat ». Il est utilisé dans *plain-chant* (chant religieux du Moyen Âge, à une voix), et dans plain-pied qui a pour sens « au même niveau ».
Une entrée de plain-pied (et non *de plein-pied*).

Plastic, plastique

Le *plastic* est un explosif.
Le ***plastique*** est la matière plastique qui sert à fabriquer de multiples objets.

Plinthe

Une *plinthe* est une étroite bande de moquette, de carrelage, de bois, etc., que l'on place au bas d'un mur, d'une colonne. La *plainte* qui se prononce de façon identique vient du verbe *plaindre.*

Poêle

Le *poêle*, appareil de chauffage, ou la *poêle*, ustensile de cuisine – et leurs dérivés – se prononcent « poual » (comme un *poil*) et non « pouèl ».

Points cardinaux et majuscules

Les points cardinaux s'écrivent avec une minuscule : le nord, le sud, l'est et l'ouest. Mais lorsqu'ils désignent une région géographique précise, dans un ensemble donné, ils prennent une majuscule :

En France, l'Ouest bénéficie d'un climat océanique ; dans l'Est les écarts de température sont plus importants. La conquête de l'Ouest est le sujet de centaines de films. Le Nord canadien, près du pôle Nord, est le pays des Inuits. Le Sud marocain est le domaine du désert. L'Afrique du Sud est une destination touristique à la mode.

Attention, si le point cardinal possède un complément, il s'écrit alors sans majuscule :

Nous partons en vacances dans le sud de l'Italie.

Policlinique, polyclinique

Une *policlinique* (*polis* en grec signifie « ville ») est une clinique municipale où sont proposés des soins sans hospitalisation. Une *polyclinique* (du grec *poly* qui signifie « plusieurs ») est une clinique où l'on soigne plusieurs sortes de maladies.

Potron-minet

Dès potron-minet signifie : « dès que le chat montre son derrière », c'est-à-dire, « dès l'aube ». On emploie aussi, pour désigner plaisamment les premiers moments du jour : *dès potron-jaquet,* le *jaquet* (sans *c*) étant l'écureuil. La véritable origine de l'expression serait, selon Littré, *dès le paître au minet,* ou *dès le paître au jaquet,* c'est-à-dire, « dès que le chat ou l'écureuil vont au paître ».

Prégnant

La prononciation de *prégnant* (ce qui est prégnant s'impose à l'esprit) – ou de *prégnance* – diffère selon le dictionnaire auquel on se réfère. Pour l'un, on doit dissocier le *g* et le *n*, comme dans « stag-nant » ou « pug-nace », pour l'autre, on doit les associer, comme dans *imprégnant* ou *grognant.* La plus ancienne prononciation est la première, la seconde date des années soixante.

Prémices, prémisse

Prémices s'emploie au pluriel et désigne les premiers produits de la terre, les premiers-nés du troupeau (offerts à leurs divinités par les peuples de l'Antiquité) ; c'est aussi un début, un commencement : *les prémices de l'automne, les prémices du génie.*

Prémisse désigne chacune des deux propositions d'un syllogisme (la majeure et la mineure) :

Tous les hommes sont mortels (première prémisse) ; *or Socrate est un homme* (seconde prémisse) ; *donc Socrate est mortel* (conclusion).

Près, prêt

Près de est une locution prépositive dont le sens est « sur le point de » ou « non loin de ». *Prêt,* adjectif, suivi de *à*, signifie « disposé à ».

Ce programme est près de s'achever.
Il demeure près de son lieu de travail.
Ils sont prêts à faire de leur mieux.

Prof

Les mots commençant par *prof* : *professeur, profession, professionnel,* etc. ne prennent qu'un *f.*

Pugnace

Pugnace ne rime pas avec le familier *grognasse.* On doit prononcer d'abord le *g* puis le *n* : « pug-nace ». Même remarque pour *pugnacité.*

Pur-sang

Qu'ils galopent par deux, par dix ou par cent, les *pur-sang* prennent toujours un trait d'union et demeurent invariables.

Quand, quant

Quand avec un *d* indique le temps : *Quand vous serez prête, vous me ferez signe. Quant* avec un *t* est suivi de *à* ou de *au(x),* et signifie : « pour ce qui est de », « pour ce qui concerne » : *Quant aux documents secrets, nous ne savons pas ce qu'ils sont devenus.*

Quasi

On dit « ca-si » et non « coua-si ». Même règle pour *quasiment.*

Quattrocento

Ce terme, qui vient de l'italien *quattro* : « quatre », et de *cento* : « cent », désigne la période de la Renaissance italienne qui s'étend de 1400 à 1500 (le XVe siècle). Le trecento (de 1300 à 1400, XIVe siècle) couvre la période de la pré-Renaissance.

Quelque, quel que

Employé devant un nom, *quelque,* adjectif indéfini, s'accorde en genre et en nombre avec ce nom :

J'ai acheté quelques choux.

Lorsque *quelque… que* encadre un nom, quelque, adjectif indéfini, s'accorde avec ce nom :

Quelques regrets que vous en ayez, la choucroute n'est plus au menu à partir de ce soir.

Quelque, employé comme adverbe dans la locution *quelque… que* encadrant un adjectif, est invariable. Il peut alors être remplacé par si :

Quelque exigeants qu'ils soient, ils n'auront pas de choucroute !

Quelque est adverbe également lorsqu'il signifie « à peu près, environ » :

Il y a quelque cinquante ans, une grave pénurie de choucroute causa la disgrâce de la cuisinière.

On écrit *quelque* au singulier dans l'expression *quelque temps* (cela signifie « un certain temps ») :

Il y a quelque temps, la choucroute était hors de prix.

Devant le verbe *être, quel* et *que* sont séparés ; *quel* prend alors le genre et le nombre du sujet (inversé) du verbe :

Quelles que soient vos intentions, je vous interdis de partir sans payer votre choucroute (que vos intentions soient n'importe **quelles**…).

Quelles qu'elles soient, vos déclarations sur la choucroute seront mal interprétées (que vos déclarations soient n'importe **quelles**). *Quels que soient les événements, je jouerai du piano* debout (que les événements soient n'importe **quels**).

Quoique, quoi que

Quoique en un mot exprime l'opposition, la concession. On peut le remplacer par *bien que.*

Quoi que en deux mots ne peut être remplacé par *bien que.* Il signifie « quelle que soit la chose que… ».

La maison de mon voisin doit être expropriée. Quoiqu'il en soit propriétaire, il en sera expulsé.

Une requête est en cours. Quoi qu'il en soit, il sera expulsé.

Raccommoder

Deux *c* et deux *m* pour *raccommoder* (et pour *accommoder*).

Rachis

Dans le mot *rachis,* on prononce le *ch* comme celui de *hachis,* et on fait entendre le *s* final.

Ratiociner

Le verbe *ratiociner* se prononce « ra-cio-ciner ». Il désigne l'action de raisonner de façon excessive, de se perdre en interminables considérations.

Rebattre

Rebattre, c'est répéter quelque chose avec obstination. On peut donc rebattre les oreilles de quelqu'un, ou lui rebattre quelque chose aux oreilles. Il en aura les oreilles rebattues (et non *rabattues*).

Règle, règlement

Ces deux mots prennent un accent grave, mais les autres dérivés (*réglementation, réglementaire…*) s'écrivent avec un accent aigu.

Rehausser

On prononce « **re**-hausser » et non « ré-hausser ».

Rémunérer

C'est bien *rémunérer* et non *rénumérer* qui est l'équivalent de *rétribuer*. On peut, pour le mémoriser, rapprocher *rémunérer de monnaie.*

Repaire, repère

Le *repaire* est le lieu où se cachent les malfaiteurs, les animaux sauvages.

Le *repère* est une marque qui permet de s'orienter, de localiser un lieu, etc.

Plusieurs repères conduisaient au repaire.

Ressortir à

Cela signifie « se rapporter à, dépendre de, concerner ». Ce verbe se conjugue non pas comme *ressortir* qui signifie « sortir de nouveau », mais comme **finir.**

Ce problème ressortit à la municipalité.

Ces événements ressortissent à l'actualité générale, et non locale.

Revolver, pistolet

Il ne faut pas confondre *revolver* (pas d'accent sur le *e*) et pistolet. Le *revolver* comporte un barillet (*to revolve,* en anglais : « tourner »). Le *pistolet* (automatique ou semi-automatique) n'en a pas.

Roder, rôder

Le *rodage* d'une équipe, d'un spectacle, désigne la période pendant laquelle on effectue des essais. On *rode* un véhicule en respectant les consignes données par le constructeur. *Roder, rodage* ne prennent pas d'accent circonflexe sur le *o.*

Rôder, c'est errer çà et là avec des intentions pas toujours louables. Le verbe dans ce cas prend un accent circonflexe, de même que le nom *rôdeur.*

Saigon

Attention : les villes vietnamiennes *Saigon* et *Hanoi* ne prennent pas de tréma sur le *i*, mais on en met un sur *monoï*, mot polynésien désignant une huile parfumée. On écrit : *Camille Saint-Saëns* (qui se prononce comme sens), *Madame de Staël* (qui se prononce comme stalle).

Saints et majuscules

Lorsqu'on parle du personnage qui, après une vie de privations de toute sorte, a bien mérité le titre de saint – beaucoup moins envié aujourd'hui… –, on écrit son grade en minuscule, suivi de son nom : *saint Martin, sainte Martine, saint François, sainte Françoise, saint Sosthène.* On écrit *saint* avec une minuscule dans *Jeudi saint, Vendredi saint, Samedi saint.* Si on abrège le mot *saint,* on met alors une majuscule : *St Camille, Ste Camille, St Polycarpe.*

Le mot *saint* prend une majuscule dans les noms de fêtes, d'églises, de lieux, etc. De plus, il est relié au nom du saint par un trait d'union : *La Saint-Valentin est la fête des amoureux. Les feux de la Saint-Jean illuminent la campagne. L'église Saint-Sulpice possède deux tours. Le fleuve Saint-Laurent passe à Montréal. À Paris, le faubourg Saint-Antoine s'étend de la Bastille à la Nation.*

Sans encombre

Pas de *s* à *encombre* dans cette expression qui signifie « sans incident, sans avoir rencontré d'obstacle ».

Sans que

La locution conjonctive *sans que* ne doit pas être accompagnée de *ne*. *Essayez de vous enfuir sans qu'il s'en aperçoive.*

Satire, satyre

Une *satire* est un écrit qui ridiculise sa cible. Un *satyre* est un homme lubrique, excessivement porté vers les plaisirs sexuels.

Saupoudrer

Saupoudrer (et non *soupoudrer*) vient de *sau*, issu du latin *sal* signifiant « sel ». Associé à *poudrer,* cela signifiait donc, à l'origine, « poudrer de sel ». Le sens s'est étendu au cours des siècles, et *saupoudrer* s'utilise pour le sucre, pour la farine, etc.

Savoir gré

On écrit : *Je vous saurais gré de... Nous vous saurions gré de donner une réponse,* ce qui signifie : « Je vous serais reconnaissant de... », « Nous vous serions obligés de donner une réponse ». Le verbe *être,* parfois, se substitue fautivement au verbe *savoir* dans les deux premières expressions (on ne dit pas : *Je vous serais gré de...*).

Saynète

Une *saynète* est une petite comédie divertissante, jouée sur une scène (ce n'est pas une raison pour l'écrire *scènette...*).

Selon que

Après la locution conjonctive *selon que,* on n'emploie pas le subjonctif, mais l'indicatif.

Selon que vous serez puissant ou misérable…

Selon que vous aurez de bons ou de mauvais résultats, vous serez admis ou refusé.

Sens dessus dessous

Lorsqu'on subit une vive perturbation, pour quelque raison que ce soit, on est accoutumé de dire : *Je suis sens dessus dessous.* Si cette perturbation concerne une pièce, une maison, on dira qu'elles sont aussi sens dessus dessous, et non sans dessus dessous comme on l'écrivait au XVIe siècle.

Sensé, censé

Un homme *sensé* a du bon sens. Il sait que nul n'est *censé* (supposé) ignorer la loi.

Vous êtes sensé, ne commettez pas cette erreur !

Vous êtes censé connaître cette règle.

Se rappeler, se souvenir

On se rappelle quelque chose ou quelqu'un, on se souvient de quelque chose ou de quelqu'un.

Ce voyage à Veracruz, je me le rappelle dans les moindres détails, et la rencontre que je fis près de Soledad, je m'en souviens aussi.

Ce sont des moments qu'on se rappelle sans effort, des heures dont on se souvient.

Soi-disant

Dans *soi-disant*, *soi* est mis pour *se*. *Soi-disant* signifie donc « se disant » et ne peut être employé que pour des personnes disant d'elles-mêmes qu'elles sont ce qu'elles prétendent.
Une soi-disant pianiste a assassiné Mozart avec les marteaux de son instrument qu'elle confond avec une enclume.

Soit

Soit est invariable si on peut le remplacer par *supposons*, par *c'est-à-dire*, ou quand il exprime une alternative. Cependant, quand soit signifie « supposons », l'usage des dernières années s'oriente vers l'accord avec ce qui suit (malgré une évidente contradiction puisque *soit* est l'ellipse du subjonctif précédé du pronom neutre *il* : *qu'il soit*).
Soit deux droites parallèles, soit deux triangles rectangles (et non soient).
Voici votre salaire, soit 2000 euros.
Achetez soit des actions, soit des obligations.

Qu'ils soient, qu'ils voient

Qu'ils soient, qu'ils voient et autres verbes se terminant par *oient* au subjonctif ne présentent pas de difficulté de prononciation particulière et on peut se demander pourquoi certains les transforment bizarrement en qu'ils « soillent », qu'ils « voillent ». Sans doute est-ce un freinage défectueux dans la conjugaison qui les conduit à penser ceci : que nous *soyons,* que vous *soyez*, qu'ils *soyent* (« soillent »). Eh bien non, c'est tout simplement qu'ils *soient* (*soient* comme *soit*).

Solde

La *solde* est le salaire des militaires.

Le *solde* est ce qui reste ou manque une fois les comptes faits.

Le *solde* est aussi une marchandise qu'un commerçant vend à prix réduit :

Dans ce magasin, les soldes de juillet sont intéressants.

Solutionner

Il faut éviter l'emploi de ce verbe qui, sans en avoir le statut, a presque l'air d'un barbarisme. Il est si facile à remplacer par *résoudre...*

Il résout (avec un *t* final et non un *d*) *facilement ses problèmes de conjugaison.*

Soussigné

Soussigné, adjectif employé dans la rédaction d'un acte, s'accorde en genre et en nombre avec le sujet :
Nous soussignés déclarons que…
Je soussignée, Claire Delune…
Soussigné est aussi un nom : *Les soussignés s'engagent à…*

Statue, statut, statu

Une *statue* est installée la plupart du temps sur un piédestal. On discute beaucoup de la position de la femme dans la société actuelle, on s'intéresse à son *statut.* Attention : dans l'expression *statu quo* (locution latine signifiant « l'état dans lequel se trouvaient les choses avant »), on ne met ni *e* ni *t* à *statu.*

Succéder

Le participe passé du verbe *succéder* est invariable (voir « Accord du participe passé des verbes pronominaux ») : *Les fêtes se sont succédé toute la semaine.*

T

Le *t,* cheville sonore destinée à éviter l'hiatus, est encadré de deux traits d'union : *Sera-t-elle à l'heure ? Prendra-t-elle l'avion ? Aura-t-il oublié ? Où va-t-on ?*
Le *t,* pronom personnel mis pour *toi,* est précédé d'un trait

d'union et suivi de l'apostrophe consécutive à l'élision : *Si tu veux réussir, donne-t'en la peine* (donne-toi la peine de le faire). *Cet adversaire est redoutable, méfie-t'en. Tu aimes la musique ? Donne-t'y complètement. Tu projettes de t'inscrire à l'université ? Prends-t'y assez tôt.*

Tache, tâche

Une *tache* sans accent circonflexe sur le *a* est une marque laissée par quelque chose de salissant. Tacher signifie « salir ». Une *tâche* avec un accent circonflexe sur le *a* est un travail. *Tâcher* signifie « essayer ».

Taliban

Le mot *taliban* est le pluriel de *talib* en arabe, qui signifie « étudiant ». Utilisé en français, ce nom commun peut être accordé, comme tous les noms communs, en prenant un s au pluriel : *un taliban, des talibans,* ou bien demeurer dans son pluriel d'origine : *des taliban.*

-tée

Les noms féminins terminés par *té* ne prennent pas de *e* final sauf : *dictée, pâtée, jetée, montée, butée, portée, tétée, nuitée,* et ceux qui indiquent un contenu (*assiettée, brouettée, pelletée, potée…*).

Tel

Tel marquant la comparaison s'accorde avec ce qui suit : *Louise Labé adorait les gâteaux telles les tartes, les religieuses, les bûches et les langues de chat.*

Tel que s'accorde avec le nom qui précède : *Nous adorons les gâteaux tels que les religieuses, les tartelettes.*

La locution *tel quel* s'accorde avec le nom auquel elle se rapporte : *Vos livres étaient abîmés, je vous les rapporte tels quels.*

Tirer les marrons du feu

Celui qui tire les marrons du feu, au sens propre, se brûle et souffre au profit de ceux qui attendent pour les déguster. *Tirer les marrons du feu* signifie donc, au sens figuré, « prendre des risques, se mettre en péril pour le bénéfice des autres ».

Tourisme

C'est sans doute l'attraction du mot anglais *tourism* (que l'on prononce « tou-**ri-zm** ») qui a été responsable de la grande épidémie de **ri-zme** des années 1980 et 1990. Presque tous les termes en *isme* ont été contaminés. On a entendu ainsi « sociali-**zme** », « capitali-**zme** », « communi-**zme** », « mitterrandi-**zme** », « chiraqui-**zme** », etc.

La seule prononciation correcte est **i-sme.** Décomposons un peu plus **i-se-me** et non **i-ze-me** (le *s* se prononce **s** entre une voyelle et une consonne. Ce n'est qu'entre deux voyelles qu'il devient **z**).

Tout

Tout (avec le sens de « chaque », « n'importe quel ») est au singulier dans les expressions suivantes : *en tout cas, en toute chose, tout compte fait, de toute façon, en tout genre, à tout hasard, à toute heure, en tout lieu, de toute manière, à tout moment, en toute occasion, de toute part, en tout point, à tout prix, à tout propos, en toute saison, de toute sorte, de tout temps.*

Lorsqu'il y a une idée de nombre, *tout* prend la marque du pluriel : *de tous côtés, à tous égards, à toutes jambes, en toutes lettres, toutes proportions gardées…*

Tout est invariable lorsqu'il peut être remplacé par *entièrement, complètement, tout à fait* : il est alors adverbe. Cependant, devant un adjectif féminin commençant par une consonne ou un *h* aspiré, tout, adverbe, s'accorde :

La classe tout entière écoute avec attention.

Les joueuses font grise mine, tout étonnées d'avoir perdu ; elles sont toutes honteuses.

Les joueuses exultent, toutes surprises d'avoir gagné.

Trait d'union

Avec *au* et *par*, on emploie toujours un trait d'union : *au-delà, par-delà, au-dessus, au-dessous* ; jamais avec *en* : *en deçà, en dessus.*

Versification

12 syllabes : *alexandrin* (deux hémistiches de 6 syllabes, séparés par une césure).
11 syllabes : *hendécasyllabe.*
10 syllabes : *décasyllabe.*
9 syllabes : *ennéasyllabe.*
8 syllabes : *octosyllabe.*
7 syllabes : *heptasyllabe…*

Pour les polygones en mathématiques, il suffit de remplacer *syllabe* par *gone* (« angle » en grec), sauf pour le polygone à 12 côtés : *dodécagone.* Ainsi, le polygone à 11 côtés est un *hendécagone*, celui à 9 côtés, un *ennéagone*, à huit côtés, un *octogone*, etc.

Vitupérer

Ce verbe signifiant « protester » est transitif direct. On doit donc dire *vitupérer quelque chose ou quelqu'un, et non vitupérer contre quelque chose ou contre quelqu'un.*

Les manifestants vitupèrent le responsable de la situation.

Voici, voilà

Voici sert à désigner ce qui va être dit, ou bien quelque chose ou quelqu'un de proche.

Voilà désigne ce qui vient d'être dit, ou bien quelque chose ou quelqu'un d'éloigné.

Voici ma décision : je reste !
Je reste ! Voilà ma décision.
Voilà le facteur. Voici le courrier.

Vive les vacances

L'interjection *vive* depuis Rabelais est une forme figée (donc invariable) du subjonctif de *vivre*. Considérer que le mot qui suit est le sujet et accorder en conséquence est une affaire personnelle. Dans ce cas, il serait plus logique de dire la phrase entière : *Que vivent les vacances !*

Voie, voix

La *voie romaine*, la *voix humaine.*

Voire même

Cette locution est tout à fait correcte, un peu vieillie cependant. *Voire* vient du latin *verus* qui signifie « vrai » ; c'était, au Moyen Âge, une façon de dire « oui », « certes » ou « bien entendu ». Plus tard, vers 1600, *voire*, ayant acquis le sens de « vraiment », fut associé à *même* afin de le renforcer : *voire même* était né. Puis, *même* disparut, laissant à *voire* seulement le sens de la locution entière. Il n'est donc pas interdit de restituer l'expression sous sa forme ancienne : ce n'est pas un pléonasme. Toutefois, on peut préférer aujourd'hui ou bien *voire,* ou bien *et même*, plutôt que

voire même, expression jugée trop littéraire ou démodée.
Ce roman est intéressant, et même (ou *voire*) *passionnant.*

Vu

Vu et *attendu*, ne pouvant être utilisés qu'avant le nom, demeurent invariables : *Vu la satisfaction de ses administrés, le maire décide…*

Yacht

Yacht vient du néerlandais *jacht* et désigne un navire de plaisance. On devrait prononcer « yak », mais c'est la prononciation anglaise « yôte » qui l'emporte. Elle offre l'avantage de supprimer la confusion avec *yack*, qui désigne un grand mammifère du Tibet, voisin du bœuf, à longue toison fauve et soyeuse (on prononce « yak »). Ainsi, on peut éviter les situations inattendues…
Voulez-vous venir faire une promenade sur mon yacht ?

Comment accorder

Le participe passé

Employé avec l'auxiliaire être, il s'accorde en genre et en nombre avec le sujet.
Elles sont venues, puis reparties.

Employé avec l'auxiliaire avoir : on accorde avec le complément d'objet direct s'il est placé avant. L'essentiel est donc de trouver le complément d'objet direct (il répond à la question quoi ? ou qui ? posée au verbe).
Les roses que j'ai cueillies (j'ai cueilli quoi ? *que*, complément d'objet direct, mis pour les roses qui est au féminin pluriel, donc j'ajoute e – féminin – et s – pluriel – à *cueilli*).

Accord du participe passé des verbes pronominaux (ceux qui s'emploient avec un pronom personnel : *se regarder, se laver…*) :

a) **Le participe passé des verbes pronominaux proprement dits** (ceux qui ne se conjuguent qu'à la voix pronominale – on ne peut enlever le *se* – : *s'écrier, s'envoler, s'évader, s'évanouir, s'exclamer, se méfier, se réfugier, se repentir, s'enfuir, se souvenir…*) s'accorde en genre et en nombre avec le sujet.
Elles se sont souvenues, elles se sont évanouies.

b) **Le participe passé des verbes pronominaux non réfléchis** (c'est-à-dire ceux dont le pronom personnel n'est ni complément d'objet direct ni complément d'objet indirect : s'attaquer ne signifie pas « attaquer soi-même ») s'accorde avec le sujet. Voici quelques verbes pronominaux non réfléchis : *s'acharner - s'apercevoir - s'approprier - s'attacher à - s'attaquer - s'attendre - s'aviser - se douter - s'échapper - s'ennuyer - se jouer - se plaindre - s'y prendre - se prévaloir - se saisir - se servir - se taire.*

Ils se sont attaqués à plus fort qu'eux, ils se sont aperçus de leur erreur.

c) **Pour les autres verbes pronominaux** (se + verbe transitif ; *transitif* signifie « qui peut avoir un COD »), afin de trouver le complément d'objet direct, on remplace mentalement l'auxiliaire *être* par l'auxiliaire *avoir.*

Elle s'est lavée (elle a lavé qui ? *s'*, pronom personnel qui est le complément d'objet direct mis pour *elle*, féminin singulier : donc on ajoute *e* à *lavé*).

Elle s'est lavé le visage (elle a lavé quoi ? le *visage*, qui est le COD : donc on n'accorde pas le participe passé puisque le COD est placé après).

d) **Le participe passé des verbes pronominaux qui ne peuvent avoir de COD est invariable.**

Les fêtes se sont succédé (les fêtes ont succédé à *se*, à elles-mêmes, la question posée est indirecte : à quoi ? – et non : quoi ? – ; donc *se* est un complément d'objet indirect, et non un complément d'objet direct, on n'accorde pas).

Même règle pour les verbes *se complaire, se convenir, se*

mentir, se nuire, se parler, se plaire, se rire, se sourire, se suffire, se ressembler, se survivre.

Suivi d'un infinitif, le participe passé s'accorde avec le COD qui le complète : *la cantatrice que j'ai entendue chanter* (*que*, mis pour *cantatrice* féminin singulier, est COD de *entendu*) ; *la chanson que j'ai entendu chanter* (on n'accorde pas *entendu*, car le COD *chanter* est placé après, *que* étant COD de *chanter*).

On applique la même règle pour le participe passé des verbes pronominaux suivis d'un infinitif : *Les naïfs se sont laissé persuader* (*se* est COD de *persuader*). *Les skieurs se sont laissés glisser* (*se* est COD du verbe *laisser* : ils ont laissé qui ? *se*, sujet de *glisser*). Devant un infinitif, le verbe *faire* ou *se faire* au participe passé est toujours invariable : *Le responsable les a fait disparaître.*

On ne rencontre aucun problème pour l'accord du participe passé avec *avoir* si on effectue correctement la recherche du complément d'objet direct.
Couru, coûté, valu, vécu : ces quatre participes passés s'accordent s'ils sont employés au sens figuré, et non s'ils sont employés au sens propre. *Les dix francs que m'a coûté ce livre* (*que* est complément circonstanciel de prix – ce livre m'a coûté combien ? – et non d'objet direct).
Les efforts que m'a coûtés ce travail (*que* est COD).

Les adjectifs de couleur

L'adjectif de couleur s'accorde avec le nom.
Des étoffes bleues.

Si l'adjectif est un nom commun pris adjectivement, il reste invariable.
Des yeux marron (de la couleur du marron), *des étoffes orange* (si l'on met un *s*, cela devient *des marrons, des oranges*).
Il en est ainsi de *abricot, ardoise, argent, azur, brique, bronze, café, caramel, champagne, chocolat, citron, cuivre, ébène, framboise, garance, grenat, groseille, havane, indigo, kaki, moutarde, nacre, noisette, ocre, olive, or, paille, pastèque, perle, pervenche, pistache, prune, rouille, safran, saphir, saumon, sépia, serin, soufre, tabac, topaze, turquoise, etc.*
Cependant certains noms sont assimilés à des adjectifs et donc s'accordent avec le nom qualifié. Ce sont : *mauve, pourpre, rose, écarlate, fauve, incarnat. Des étoffes roses, des étoffes mauves.*
Deux adjectifs employés pour désigner une seule couleur sont invariables. *Des yeux bleu clair* (sans trait d'union).
Si ce sont deux adjectifs de couleur, on met un trait d'union. *Des yeux bleu-vert.*
Vairon : des yeux *vairons* ne sont pas de la même couleur, ou bien leur iris est entouré d'un cercle blanchâtre.
Pers : ce terme désigne une couleur entre le bleu et le vert.

Les adjectifs numéraux

Les adjectifs numéraux cardinaux sont invariables sauf *vingt* et *cent* qui prennent un *s* s'ils sont multipliés, mais il ne faut pas qu'ils soient suivis d'un autre adjectif numéral.

Attention : on met un trait d'union seulement au-dessous de *cent* (sauf dans *vingt et un, trente et un, quarante et un*, etc.).

Voici quelques exemples où ces règles sont appliquées : *quatre-vingts kilomètres, quatre-vingt-sept participants, cent vingt jours* (une fois vingt donc pas de *s*), *deux cents patates, trois cent sept euros, quatre cent quatre-vingt mille dollars* (*cent* et *vingt* ne s'accordent pas, car ils sont suivis d'un autre adjectif numéral).

Dans *quatre cent quatre-vingts millions de francs, vingt* s'accorde parce que *millions* n'est pas un adjectif numéral mais un nom commun, de même que *milliard – un million, un milliard. Billion* (un million de millions) est aussi un nom commun donc variable, de même que *trillion* (un million de billions).

On écrit : *l'année quatre-vingt* sans *s*, car cela signifie « quatre-vingtième » ; on écrit également : *page quatre-vingt*, l'année *mille huit cent, page deux cent.*

Attention, *zéro* est variable : *Un huit suivi de cinq zéros.*

Les collectifs

Après un groupe de mots ayant un sens collectif, l'accord est variable.

Si ce groupe est précédé d'un article défini (*le, la*) ou d'un

adjectif démonstratif (*ce, cette*), le verbe est au singulier : *La totalité des invités est arrivée.*
S'il est précédé de *un*, l'accord est variable selon le sens que l'on veut donner à la phrase : *Une foule* (ou *un grand nombre*) *d'enseignants se pressait* (ou *se pressaient*) *devant le ministère.*
Après *beaucoup de, peu de, la plupart, bien des...* l'accord se fait au pluriel : *La plupart des invités sont arrivés.*
Après *une foule de, une multitude de, un grand nombre, la moitié de, le quart de, les deux tiers de, une minorité de, une partie de, la majorité de, la grande majorité de, le reste de, une grande quantité de,* etc., on accorde tantôt avec le collectif, tantôt avec le complément selon la nuance qu'on veut apporter à la phrase, ou selon le sens.

Les jours

Les jours de la semaine sont des noms communs, ils prennent un *s* au pluriel.
Magasin fermé tous les mardis.
En vente les mardi et samedi de chaque semaine (attention, il n'y a qu'un mardi et qu'un samedi par semaine…).

Le pluriel des noms et des adjectifs

On le sait tous depuis l'école primaire : les noms et les adjectifs prennent un *s* au pluriel. Mais attention, il y a des cas particuliers.

Certains noms terminés par *ou* prennent un *x* au pluriel : *bijoux, cailloux, choux, genoux, hiboux, joujoux, poux* (et même *ripoux*...).
Les noms terminés par *eu* prennent un *x* au pluriel : *Tous les feux sont au vert* – sauf *bleu, pneu* (et *feu* au sens de « disparu ») qui prennent un *s* : *Tous les pneus bleus sont crevés.*
Les noms terminés par *au* forment leur pluriel en *x* : Il s'est emmêlé les pinceaux – sauf : *landau, sarrau,* qui prennent un *s.*
Les noms et les adjectifs terminés par *s, x, z* ne varient pas au pluriel : *un pays, des pays* ; *un puits, des puits* ; *un rébus, des rébus* ; *une souris, des souris* ; *un jaloux, des jaloux* ; *un index, des index* ; *un télex, des télex* ; *un gaz, des gaz* ; *un nez, des nez,* etc.
Les noms terminés par *ail* prennent un *s* au pluriel : *un attirail, des attirails ; un portail, des portails ; un poitrail, des poitrails ;* sauf *bail* (des baux), *corail* (des coraux), *émail* (des émaux), *soupirail* (des soupiraux), *travail* (des travaux), *vantail* (des vantaux), *ventail* (des ventaux), *vitrail* (des vitraux).
Les noms et les adjectifs terminés par *al* forment leur pluriel en *aux* : *un cheval, des chevaux ; un journal, des journaux.*
Certains noms cependant ont un pluriel en *als* : *aval, bal, cal, cantal, caracal, carnaval, cérémonial, chacal, choral, festival, gavial, mistral, narval, nopal, pal, récital, régal, rorqual, santal, sisal, trial.*
Certains adjectifs forment leur pluriel en *als* : *bancal, fatal, final, natal* (*néonatal*), *naval* (*aéronaval*), *tonal.* On trouve les

deux pluriels *als* et *aux* pour : *austral, boréal, causal, étal, glacial, idéal, jovial, pascal.*

Maximum, minimum, optimum

Au pluriel, ces trois mots employés comme noms font : *des maximums, des minimums, des optimums*. On peut aussi utiliser le pluriel latin en *a* : *des maxima, des minima, des optima.* Lorsqu'ils sont adjectifs, on leur préfère les formes en *al* : *un prix maximal, une remise minimale, un climat optimal,* qui font au pluriel : *des prix minimaux, des remises minimales, des climats optimaux.*

Le pluriel des noms propres

Les noms propres de personnes ne prennent pas la marque du pluriel : *les Dupont, les Mauriac, François et Claude* ; sauf les noms de familles illustres et très anciennes : *les Bourbons, les Capets, les Condés, les Guises, les Horaces, les Stuarts, les Tudors.* Mais on écrit *les Borgia, les Habsbourg, les Romanov,* ces noms propres n'étant pas modifiés par rapport à la langue d'où on les tire.

Lorsque les noms propres désignent, par métonymie, l'œuvre produite, ils ne varient pas : *Ce collectionneur ruiné doit rendre à l'huissier les Monet de sa pièce.*

Devenus par antonomase (nom propre considéré comme nom commun) des noms communs, les noms propres peuvent prendre un *s* et parfois une minuscule : *Les femmes coquettes*

n'épousent pas des harpagons.
Les noms de journaux ou de magazines demeurent invariables : *Des Figaro, des Ouest-France* et *des Libération* sont vendus à la caisse.
Les noms de marques commerciales demeurent invariables au pluriel : *Ce représentant a vendu trois Espace Renault et quatre Évasion Citroën.*

Le pluriel des vins
Lorsqu'ils sont, par métonymie, devenus des noms communs (un vin de Bourgogne = un bourgogne), les noms de vins peuvent prendre la marque du pluriel, sauf s'ils sont composés (*des châteauneuf-du-pape, des château-lafite*). On les écrit alors sans majuscule.
Nous avons bu du saint-émilion qui est un excellent bordeaux, des alsaces, des bourgognes, des champagnes et des chinons plutôt gouleyants.

Les mots composés
Pour former le pluriel des mots composés, reliés par un trait d'union ou non, il faut identifier la nature de chaque élément :

Nom + nom = accord
Nom + adjectif = accord
Nom + particule invariable = accord du nom
Verbe + nom = accord du nom seulement

Cependant, c'est le bon sens qui commande le plus souvent les accords à effectuer. En effet, dans des *gratte-ciel*, le verbe ne s'accorde pas, ce qui est logique, mais le nom ne s'accorde pas non plus, car il n'y a qu'un ciel. Si on compare des *garde-fous* et des *gardes-barrières*, le premier *garde* ne prend pas de *s*, car c'est un verbe, le second *gardes* en prend un, car c'est un nom (il s'agit de l'employé, le *garde*).

Voici quelques exemples de mots composés au singulier et au pluriel : *un arc-en-ciel, des arcs-en-ciel ; une belle-sœur, des belles-sœurs ; un chou-fleur, des choux-fleurs ; un pique-nique, des pique-niques ; une porte-fenêtre, des portes-fenêtres* (à la fois porte et fenêtre).

Les mots composés dans lesquels *porte* est un verbe sont en général invariables : *un porte-bagages, des porte-bagages ; un porte-bonheur, des porte-bonheur ; un porte-clés, des porte-clés ; un porte-monnaie, des porte-monnaie ; un porte-parole, des porte-parole* (mais *des porte-crayon* ou *des porte-crayons, des porte-drapeau* ou *des porte-drapeaux*).

La rhétorique en dix figures

Élocution

L'élocution, c'est la capacité à bien articuler chaque syllabe afin que les mots soient parfaitement compris de ceux à qui on s'adresse. Un petit exercice ? Tentez de prononcer cette phrase sans zozoter ni chuinter, et surtout sans vous interrompre : Suis-je bien chez ce cher Serge ? Si vous avez réussi, votre élocution est excellente.

Éloquence

L'éloquence, c'est le privilège naturel de pouvoir s'exprimer avec une aisance qui rend clair et agréable n'importe quel discours. Lorsqu'on écoute quelqu'un d'éloquent, on entre dans sa pensée sans difficulté, avec plaisir ; on saisit sa logique – sans forcément l'adopter –, car l'arrivée des idées s'est faite de façon si habile qu'on s'est senti agréablement emporté dans le courant des mots.

Progresser ?

On peut améliorer son élocution en pratiquant des exercices qui ralentissent un débit de paroles trop rapide, une prononciation zézayante (comme celle d'Émile Zola) ou bégayante (comme celle de l'homme politique athénien Démosthène, 384-322 av. J.-C.).

Rhétorique

On peut améliorer son éloquence en utilisant des procédés rassemblés sous l'autre nom de l'art oratoire : la rhétorique. Le terme *rhétorique* vient de la racine indo-européenne *wer* qui exprime l'idée de parler.

Deux mots sont nés de cette racine : *wrhétor* et *werdh*. Le passage du premier dans la langue grecque a donné *rhétor*, terme désignant celui qui parle bien, qui est éloquent. Le deuxième a fourni à l'anglais le mot *word*, à l'allemand *Wort*, au néerlandais *woort*, et au français *verbe* (au sens général de « parole »).

Aux faits, maintenant ! Quels sont donc ces procédés qui permettent à coup sûr d'améliorer son éloquence, de persuader son interlocuteur (ou son interlocutrice…) ? Les voici.

Métaphore

La métaphore est une sorte de comparaison, mais le terme qui sert à établir cette comparaison n'apparaît pas ; ainsi, la phrase s'en trouve raccourcie, elle gagne en efficacité, et l'effet de l'image est multiplié. Voilà pour le principe. Maintenant, il reste à choisir l'image qui va donner à la métaphore son caractère pittoresque ou romantique, ironique ou inquiétant, péjoratif ou valorisant.

Si Madame dit à son mari : *Tu es un lion,* la métaphore est valorisante. Lorsque Monsieur affirme à Madame : *Tu es une gazelle,* une atmosphère romantique commence à s'installer.

En revanche, si une jeune fille dit à son amie, en voyant arriver un bellâtre bronzé jusqu'aux cheveux : *Voilà un coq*, l'intention ironique est claire. Et si la jeune fille entend ce bellâtre parler de *dinde*, d'*oie*, ou d'autres volatiles, ce n'est pas forcément d'animaux de basse-cour qu'il s'agit.

Métaphore et style

Ces juvéniles politesses étant échangées, on peut souligner qu'à l'écrit la métaphore est l'un des moteurs d'un style : la qualité des images, leur exploitation doivent fournir à l'esprit, sans lourdeur et sans insistance, la capacité de comprendre, en un minimum de mots, l'élément évoqué et le regard porté sur lui. *Arthur frappa à la porte. Isabelle alla lui ouvrir, ne lui fit aucun reproche ; elle était trop heureuse :* ***son bateau ivre rentrait au port.***

Métaphore filée

Lorsqu'une métaphore développe la même image durant plusieurs phrases, on dit qu'elle est filée. Attention, l'abondance ou la proximité inattendue de métaphores pour la même situation peut nuire à l'effet recherché :

Arthur ***louvoya*** *jusqu'à son lit. Ce* ***quai de la nuit*** *le rassura : c'était la promesse d'un départ vers des rivages où les mers se démontent avec* ***la clé des songes.*** *Il* ***affala ses voiles,*** *se glissa dans* ***l'esquif des ténèbres,*** *tint* ***fermement le gouvernail de ses pensées,*** ferma ***les écoutilles*** et cria « À l'abordage » avant de *sombrer* (cette surabondance de métaphores en gras conduit à une sorte de naufrage de la phrase : les images trop rapprochées parasitent l'action initiale...).

Hyperbole

Lorsqu'on veut frapper l'imagination de son interlocuteur ou de son lecteur, on en rajoute un peu, et même beaucoup, on exagère une dimension, un poids, une comparaison :

Lorsque Arthur s'éveilla le lendemain matin, il était assoiffé, affamé ; il but un seau de café noir brûlant, dévora des kilos de pain qu'il tartina de tonnes de beurre. Puis il enfila ses bottes de marin afin de traverser la rue qui sous les trombes d'eau avait l'allure du fleuve Amazone.

Dans les conversations animées, l'hyperbole est fort utilisée :

– *Athalie, tu dépenses toujours* ***des fortunes*** *en maquillage !*

– *C'est pour réparer du poids des ans l'irréparable outrage !*

– *Oui, mais tu en mets* ***des kilos*** *!*

– *Fais comme moi, car je te trouve un peu pâlot !*

Métonymie

La métonymie est une sorte de raccourci de langage. Au lieu de dire : *La boulangère a quitté le boulanger, tous les habitants qui vivent dans la ville où cet événement vient de se passer en parlent,* on dira : *La charcutière a quitté le charcutier,* ***toute la ville en parle.*** Une ville ne parle pas, mais par métonymie, elle acquiert cette faculté puisque, lorsque le mot *ville* est lu ou prononcé, le lecteur imagine d'un seul coup toute la population ainsi suggérée. De la même façon, au lieu de dire : *Tous les élèves qui suivent le cours du professeur farceur dans la classe rient*, on dira : ***Toute la classe rit.*** Une classe ne rit pas, mais on comprend le sens du raccourci. La métonymie permet donc d'exprimer tout un ensemble à l'aide d'un terme englobant, autrement dit, le contenant pour le contenu.

Un élément pour le tout

La métonymie peut aussi se servir du contenant pour exprimer le contenu : *boire un bon bordeaux pour boire le contenu d'une bouteille ou d'un verre de bon vin de bordeaux.* Un élément peut servir à désigner un individu. *Cet homme est un excellent pistolet* résume la phrase suivante : *Cet homme fait preuve d'une adresse remarquable lorsqu'il se sert de son pistolet pour atteindre la cible.*

Les boulangeries regorgent de métonymies ! Au lieu de dire : *Je voudrais, s'il vous plaît, un pain qui a la forme d'une baguette,* vous demandez : *Je voudrais* ***une baguette,*** *s'il vous plaît.*

Parfois, le genre du mot dépend de ce qu'on sous-entend : *l'Espace Renault,* automobile appartenant à la catégorie des monospaces, peut être ou bien *un Espace* (*un* véhicule Renault portant le nom *Espace*), ou *une Espace* (*une* automobile Renault portant le nom *Espace*).

Les œuvres d'art sont souvent désignées par une métonymie : *un Picasso* (un tableau de Picasso).

Métonymie à la une

À la une des journaux, la métonymie est très utilisée, car elle permet de gagner de la place. *Paris accueille la Couronne britannique* remplace : *Les habitants et responsables politiques de la ville de Paris, capitale de la France, accueillent la reine de Grande-Bretagne, Elisabeth II, qui porte sur la tête, lors des cérémonies officielles, une couronne, signe de sa fonction royale* (titre effectivement un peu long...).

De même, lorsqu'on dit que *la Maison-Blanche n'a encore pas réagi à la nouvelle,* on désigne, par métonymie, les responsables politiques qui se réunissent à la Maison-Blanche – résidence des présidents des États-Unis depuis 1902 –, notamment le président des États-Unis, son secrétaire d'État à la défense, à l'économie, etc.

Métonymie et synecdoque

Lorsque l'élément isolé par l'emploi de la métonymie est une partie indissociable de l'ensemble évoqué, on appelle cette métonymie une synecdoque : ainsi, une *voile* peut désigner un bateau à voiles. Victor Hugo (1802-1885) utilise une synecdoque lorsqu'il écrit dans son poème *Demain dès l'aube* : *Je ne regarderai ni l'or du soir qui tombe / Ni les voiles au loin descendant vers Harfleur.* Corneille (1606-1684) utilise de nombreuses synecdoques dans ses tragédies, notamment dans ce passage où Don Diègue (qui a reçu de Don Gomès un soufflet – une gifle –) charge son fils Rodrigue de le venger avec son épée :

Et ce fer que mon bras ne peut plus soutenir, / Je le remets au tien pour venger et punir ; le fer est indissociable de l'épée, l'emploi de cet élément pour désigner le tout constitue une synecdoque.

Euphémisme

L'euphémisme consiste à atténuer une vérité afin de la rendre plus facile à entendre – ou de la faire mieux entendre – : celui qui s'éteint d'***une longue et douloureuse maladie*** meurt d'un *cancer.* Lorsqu'on dit de quelqu'un qu'il a atteint ***un âge respectable,*** c'est pour éviter le mot *vieux.*

L'euphémisme est également très utilisé depuis une ou deux décennies pour atténuer l'expression d'un handicap : *les sourds* sont des *malentendants, les aveugles* des *non-voyants, les paralysés* d'une ou deux jambes des *personnes à mobilité réduite.*

Litote

Voulez-vous en dire moins pour faire entendre plus ? Utilisez la litote ! C'est un procédé d'expression qui vous permet d'ajouter aux mots que vous prononcez une touche de malice, d'ironie, de complicité, ou même de cruauté. Si vous dites à votre conjoint qui vient de s'acheter un vêtement rococo : *Tu n'es pas d'une élégance folle,* cette litote signifie qu'il a l'air d'avoir enfilé un sac. Si vous sortez d'un spectacle en disant après avoir bâillé : *Ce n'est pas vraiment un chef-d'œuvre,* cela signifie que la vérité tient davantage dans cet adjectif au masculin singulier : *nul.*

Lorsque Pyrrhus, le vainqueur de Troie, va demander à Andromaque si elle l'aime, ou du moins si elle pourrait l'aimer après qu'il aura refusé de livrer son fils aux Grecs, il formule ainsi sa demande : *En combattant pour vous, me sera-t-il permis / De ne vous point compter parmi mes ennemis ?* La litote est claire et ne se résume pas à la forme négative employée ; Pyrrhus espère beaucoup, mais alors, beaucoup plus si affinités (en réalité, il n'aura rien, lisez la pièce !)...

Anaphore

L'anaphore consiste à répéter le même mot au début de phrases ou de groupes de mots successifs. L'anaphore est une sorte de marteau destiné à enfoncer une idée dans la tête d'un interlocuteur, d'un auditeur, d'un téléspectateur...

***Plus nous serons nombreux** à défiler contre le trafic de fatalatapouettes, **plus nous serons nombreux** à nous unir contre la désunion, **plus nous serons nombreux** à crier dans les rues, moins il y aura de silence autour de ce que personne ne dit !*

Le poète Joachim du Bellay termine son sonnet *Heureux qui comme Ulysse* par une anaphore :

***Plus me plaît** le séjour qu'ont bâti mes aïeux,*
Que des palais romains le front audacieux,
***Plus** que le marbre dur me plaît l'ardoise fine ;*
***Plus** mon Loire gaulois que le Tibre latin,*

__Plus__ mon Petit Liré que le mont Palatin,
Et __plus__ que l'air marin la douceur angevine.

Allégorie

L'allégorie consiste à développer une image de façon étendue – plusieurs phrases, paragraphes ou même plusieurs pages – afin de faire comprendre une idée générale ou une situation.

Le récit du meurtre d'Abel par Caïn dans la Bible n'est sans doute qu'une allégorie, un récit, une image, pour faire comprendre que dans le cœur de l'homme naquit un jour la jalousie, que la jalousie conduit au crime, que du crime naît le mensonge, mais qu'au-delà de la misère humaine peut exister le pardon.

Antithèse

Deux idées, deux mots rapprochés qui s'opposent constituent une antithèse. Ce procédé d'expression permet de créer un étonnement et, consécutivement, d'attirer l'attention.

L'antithèse est le principal moteur de l'écriture de Victor Hugo. Il suffit d'ouvrir à n'importe quelle page, n'importe laquelle de ses œuvres pour en trouver un peu partout, tapies dans les lignes et prêtes à sauter aux yeux du lecteur.

Où vont tous __ces enfants__ dont __pas un seul ne rit__ ?
Ces doux êtres pensifs que la fièvre maigrit ? [...]
__Innocents__ dans un __bagne__, __anges__ dans un __enfer__,
Ils travaillent. Tout est d'airain, tout est de fer.

Oxymore

Lorsque deux mots opposés sont placés l'un près de l'autre afin de créer un effet de surprise tout en exacerbant le sens de l'un et de l'autre et en créant une troisième image au-delà des termes eux-mêmes, on parle alors d'oxymoron ou d'oxymore (c'est une variété d'antithèse) :

Cette ***obscure clarté*** *qui tombe des étoiles / Enfin avec le flux nous fait voir trente voiles* (Corneille).

Périphrase

Lorsqu'on ne veut pas désigner directement un objet, une situation, une façon d'être, de penser, on les contourne par un ensemble de mots qui fournit une équivalence suffisamment claire pour qu'il n'y ait pas d'ambiguïté. Le nom de certaines professions, jugées à tort porteuses d'une image insuffisamment valorisante, est masqué par une périphrase souvent elle-même masquée par un sigle : un OEVP est un ouvrier d'entretien de la voie publique (un cantonnier) ; un PPC est un préparateur en produits carnés (un boucher) ; on ne dit plus *balayeur* mais *technicien de surface* ; on ne parle plus de *vendeurs* mais d'*ingénieurs commerciaux.*

Masculin ou féminin ?

Masculin		Féminin	
abaque	aphte	abside	autoroute
abîme	apogée	absinthe	autostrade
abysse	apologue	acné	avant-scène
acabit	appendice	acoustique	azalée
acronyme	après-dîner	acre	bakélite
acrostiche	après-midi	acropole	bésicles
adage	arcane	aérogare	bisque
aérolithe	armistice	affres	campanule
aéronef	aromate	alcôve	câpre
agrumes	arpège	algèbre	caténaire
alambic	asphalte	alluvion	chausse-trape
albâtre	asphodèle	amibe	chlamyde
alvéole	astérisque	amnistie	clepsydre
ambre	asthme	anagramme	conteste
amiante	astragale	ancre	coquecigrue
anathème	augure	anicroche	dartre
anévrisme	automne	antichambre	décalcomanie
animalcule	balustre	apostille	drachme
anthracite	bulbe	appoggiature	ébène
antidote	campanile	arabesque	ébonite
antipode	capitule	argile	écarlate
antre	cathéter	arrhes	ecchymose
apanage	chrysanthème	atmosphère	échappatoire

Masculin		Féminin	
codicille	exergue	écharde	gemme
colchique	exode	écrevisse	glaire
décombres	exorde	écritoire	gonade
éclair	falbala	effarvatte	hécatombe
édicule	fastes	égide	HLM
edelweiss	fuchsia	encaustique	hydre
effluve	girofle	enclume	hypallage
élastique	globule	entrecôte	icône
ellébore	granule	enzyme	idole
éloge	haltère	éphéméride	idylle
élytre	harmonique	épigramme	immondice
emblème	héliotrope	épigraphe	impasse
empyrée	hémisphère	épistaxis	imposte
en-tête	hémistiche	épitaphe	interview
entracte	hiéroglyphe	épithète	lingue
épeautre	holocauste	épître	logorrhée
éphémère	horaire	équerre	mandibule
épithalame	hyménée	équivoque	matricaire
épiderme	hypogée	escarre	météorite
équinoxe	insigne	estafette	mezzanine
ergastule	intermède	estompe	montgolfière
érésipèle	interrogatoire	farlouse	moustiquaire
esclandre	interstice	ficaire	nacre
escompte	intervalle	frangipane	oasis

Masculin		Féminin	
isthme	quinconce	obsèques	ténèbres
ivoire	rutabaga	ocre	topaze
jade	schiste	octave	urticaire
jujube	sépale	odalisque	vêpres
jute	sesterce	omoplate	vésicule
libelle	sévices	opale	vicomté
lignite	tentacule	optique	virago
limbe	termite	orbite	vis
mânes	trille	oriflamme	volte-face
manipule	trope	patenôtre	yeshiva
météore	tubercule	patère	yourte
millefeuille	tulle	piastre	
obélisque	uretère	phalène	
opercule	urètre	planaire	
opprobre	viscère	prémices	
opuscule	vivres	prémisse	
orbe		primevère	
orifice		réglisse	
ovale		scolopendre	
ovule		scorsonère	
pétale		sépiole	
planisphère		spore	
pore		stalactite	
poulpe		stalagmite	